# 三门峡市博物馆馆藏文物精粹

三门峡市博物馆 编

李书谦 主编

中原出版传媒集团
中原传媒股份公司

大象出版社
·郑州·

图书在版编目（CIP）数据

三门峡市博物馆馆藏文物精粹／李书谦主编. — 郑州：
大象出版社，2021. 10
ISBN 978-7-5711-1200-4

Ⅰ. ①三… Ⅱ. ①李… Ⅲ. ①博物馆-历史文物-三
门峡-图集 Ⅳ. ①K872. 614. 2

中国版本图书馆 CIP 数据核字（2021）第 191979 号

# 三门峡市博物馆馆藏文物精粹

李书谦　主编

出 版 人　汪林中
责任编辑　郑强胜
责任校对　牛志远
装帧设计　王　敏

出版发行　大象出版社（郑州市郑东新区祥盛街 27 号　邮政编码 450016）
　　　　　发行科　0371-63863551　总编室　0371-65597936
网　　址　www.daxiang.cn
印　　刷　洛阳和众印刷有限公司
经　　销　各地新华书店经销
开　　本　890 mm×1240 mm　1/16
印　　张　17
字　　数　183 千字
版　　次　2021 年 10 月第 1 版　2021 年 10 月第 1 次印刷
定　　价　320. 00 元
若发现印、装质量问题，影响阅读，请与承印厂联系调换。
印厂地址　洛阳市高新区丰华路三号
邮政编码　471003　　　　　　电话　0379-64606268

# 编辑委员会

# 序

一方水土养一方人，一方人文化一方物。

《三门峡市博物馆馆藏文物精粹》所收多是出土文物，大致上可以反映三门峡地区古人类活动历史及其文化面貌。而作为三门峡的物华天宝，要欣赏这些文物，就必须将它们放在三门峡的历史时空和文化脉络之中。

三门峡因黄河而得名。相传大禹治水时开山导水，劈出人门、鬼门、神门三门，让淤积的黄河之水冲开山峦滔滔东去。1957年在三门所在地修建黄河大型水利枢纽工程——三门峡水库之后，陕州故城的废墟上崛起了一座现代新兴城市——三门峡市。

陕之地名非常古老，据专家考证，商时已有，亦称夹方。夹与陕，意义相近，这里不仅华山—崤山与中条山南北夹峙，黄河两岸在此也相对逼仄，地理位置险要，长期是两京锁钥之地，犹如一根扁担挑着洛阳和长安两大古都。周初周公与召公曾在陕塬立石为界，东西分治，对巩固周王朝的统治发挥了重要作用。历史上这里地灵人杰，能够留下众多文物古迹，也就不足为奇了。

其实，三门峡一带在史前时期更为辉煌。三门峡不仅仅是黄河上的著名峡谷，在黄河贯通东流大海之前的更新世早中期，这里还是高原平湖，远比今天的库区为大，和有着东方古人类摇篮之称的泥河湾一带有所相似，是早期人类生存和进化的一方宝地，因此发现的旧石器时代古人类化石和遗存格外丰富，只是因为时空跨度大，湖面广阔，周边地形环境复杂多样，难以窥见其间的相互关系。但总的来看基本上是环湖分布的，古湖就是古人类生存的重要依托。黄河凿穿三门峡东去之后，原来的湖盆——包括关中与晋南，成为高山高原环绕的黄土沃野，黄土持续堆积，土塬纵横，河沟发育，这一带实际上就是后世所说中原的主要组成部分。这里水深、土厚，气候环境较好，易于用原始木石工具开垦耕种，遂成为早期农业经济率先发达的一方沃土，加上位于东亚大陆东西阶地与南北气候带的交汇之处，仰韶文化在此勃兴并快速扩张，使其成为早期华夏民族兴盛和中华文明的重要发源之地。仰韶文化及其重要类型的发现和命名地如仰韶村、庙底沟、西坡以及传说的黄帝铸鼎原等都在三门峡地区，三门古湖留下的诸盆地，也正是仰韶文化的腹心地区。仰韶文化的彩陶，乃先人在黄澄澄的陶器表面用黑、红、白彩绘出气韵生动的鱼鸟蛙花等纹案，由此掀起的艺术浪潮与文化表达，影响波及大半个中国，铺就了早期华夏族群认同和精神结构浓墨重彩的底色。至今，黄土仍然影响着人们生活的方方面面，黄土精华萃炼而成的澄泥砚，作为古代中国四大名砚，不仅一直是两京之间文人墨客喜用的文房四宝之一，今天也仍然作为宝贵的文化遗产在三门峡地区继续生产、流传、使用。

当夏商周三代意识形态载体与工艺重心转移至青铜器等，三门峡也仍然是青铜文化的中心之一，留下了虢国都城和墓地等出土的大量青铜重器、玉器等文物瑰宝。在秦王一扫六合统一中国的过程中，三门峡尤其是崤函古道一带，一直是东西两股力量连横合纵相互博弈的主要战场。当华夏文明不断壮大，经济政治与文化中心不断东移，两京渐渐迁出关中与洛阳盆地，变成洛阳与汴京（开封），又转为沿沟通南北的大运河而临安、南京与北京之后，三门峡一带也渐渐沉寂下来，一度喧嚣的联通洛阳与长安的漕运、让无数艄公纤夫洒下血汗的栈道遗迹默默无语地注视着黄河冲过砥柱咆哮东去。然而，中华民族的精气神已早就熔铸在三门峡的一草一木、一器一物中，这从博物馆丰富的后期文物仍能窥见端倪。

近现代，三门峡一带的河山天险和雄关漫道在抗日战争中再次发挥了中流砥柱的重要作用。当抗战进入胶着关头，中国官兵凭借层层关隘拼死抵抗，敌酋冈村宁次亲率的侵华大军在唐太宗李世民曾经感慨为"崤函称地险，襟带壮两京"的崤函古道上接连折戟铩羽，终使这里成为根据地大后方与抗战前线的最后分界，以及大反攻的出发前沿。新中国成立后，随着铁路、航空交通的发达，国家西部大开发战略以及"一带一路"倡议的出台，尤其是河南省作为华夏历史文明传承创新区发展定位的确立，黄河国家文化公园建设的谋划，以及中华民族伟大复兴中国梦的逐步实现，三门峡作为豫陕晋三省之间黄河大弯拐的黄金三角，再次迎来了新的发展机遇。

2019年9月18日，习近平总书记在郑州召开的"黄河流域生态保护和高质量发展"座谈会上讲道："九曲黄河，奔腾向前，以百折不挠的磅礴气势塑造了中华民族自强不息的民族品格，是中华民族坚定文化自信的重要根基"，"黄河文化是中华文明的重要组成部分，是中华民族的根和魂。要推进黄河文化遗产的系统保护，守好老祖宗留给我们的宝贵遗产"。中华民族的伟大复兴当然需要先有一场以文化遗产自觉为核心的文艺复兴运动，需要我们对地下、地上、民间的文化遗产进行全面盘点，在系统调查、发掘、整理、研究、阐释、展示、转化的过程中传承创新，需要让历史告诉未来的前进路标。三门峡市博物馆虽然建馆时间不长，但是在文物和文化遗产的收藏、保护、研究、展览、传播等方面已经取得了长足进步，成为金三角地带举足轻重的文化地标。

作为华夏文明的重要摇篮，以及中国田野考古学发祥地和仰韶文化的命名地，值此全国上下纪念中国考古诞生百年之际，博物馆选取精粹文物，编辑出版精品图录，总结过往，谋划未来，向前辈文博考古人致敬，向历史叩问未来，为三门峡发展和民族复兴大业增砖添瓦，可喜可贺。

诚望三门峡博物馆、三门峡的文博考古事业以及三门峡的文化和文明建设，再上层楼！

曹兵武

中国文化遗产研究院原总工程师

中国文物报社原总编辑

二〇二一年八月十九日

# 目录 | CONTENTS

## 第二部分　玉石器

# 第五部分　杂　项

第一部分　陶器

## 1.月牙纹彩陶罐

仰韶文化（距今6800—4800年）

1981年三门峡渑池仰韶村遗址出土

通高11.5厘米，口径14.2厘米，腹径15.1厘米，底径7.5厘米

细泥红陶。侈口，宽沿，圆唇，束颈，折腹，平底。唇部饰黑彩，腹上部饰一周共14个白衣黑彩月牙纹，折腹处饰一周黑彩带状纹，黑彩多已脱落。

　　仰韶村遗址，位于河南省渑池县城北约7.5公里的仰韶村南，饮牛河之西，寺沟村北的台地上，面积约36万平方米。1920年中国地质调查所刘长山在采集化石标本时发现。1921年安特生等人对仰韶村遗址进行了首次发掘，并命名为仰韶文化，标志着中国新石器时代考古和近代田野考古学的发端。1961年该遗址被国务院公布为全国第一批重点文物保护单位。1980—1981年，河南省文物考古研究所对仰韶村遗址作了第三次发掘，发掘面积200余平方米。该月牙纹彩陶罐就是此次发掘中出土的。

## 2.红陶葫芦瓶

仰韶文化（距今6800—4800年）

1990年三门峡渑池县出土

通高22.9厘米，口径2.9厘米，腹径14.8厘米，底径9.1厘米

细泥红陶。呈葫芦状。小口，圆唇，束颈，鼓腹，平底。通体磨光。

### 3.单耳红陶瓶

仰韶文化（距今6800—4800年）

1972年三门峡卢氏县涧底遗址出土

通高32.3厘米，口径4.8厘米，腹径23.5厘米，底径11.6厘米

细泥红陶。杯形口，短束颈，鼓腹，腹部饰一桥形耳，平底。

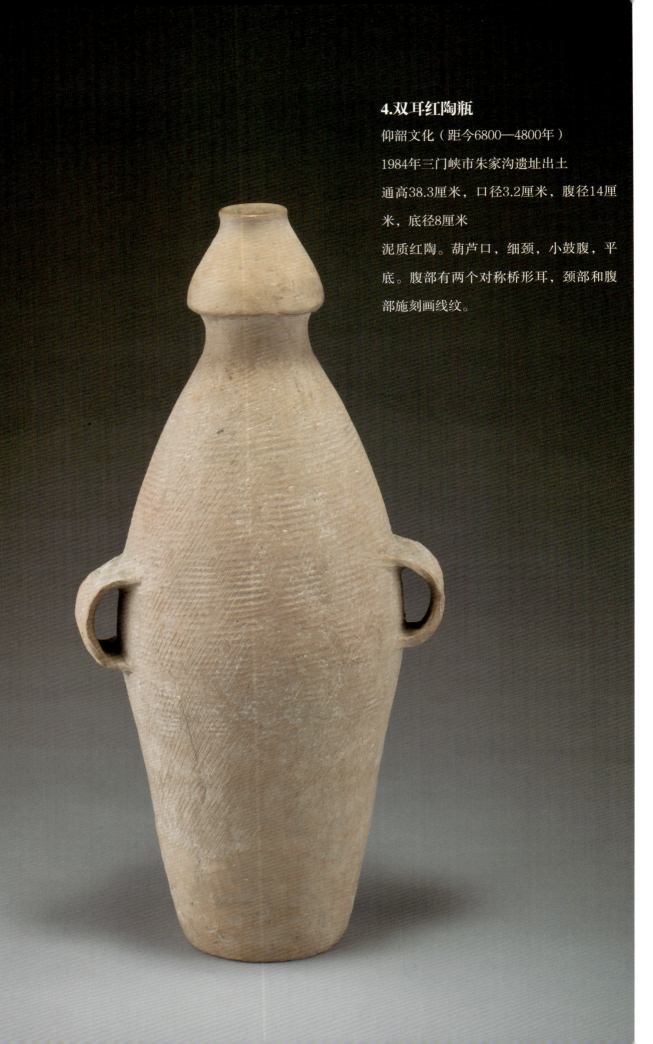

### 4.双耳红陶瓶

仰韶文化（距今6800—4800年）

1984年三门峡市朱家沟遗址出土

通高38.3厘米，口径3.2厘米，腹径14厘米，底径8厘米

泥质红陶。葫芦口，细颈，小鼓腹，平底。腹部有两个对称桥形耳，颈部和腹部施刻画线纹。

## 5.双耳红陶壶

仰韶文化（距今6800—4800年）

1984年三门峡市湖滨区会兴村出土

通高19.3厘米，口径5.3厘米，腹径12厘米，底径4.5厘米

泥质红陶。小口，圆唇，鼓腹，平底。腹部有两个对称耳。通体磨光。

### 6.弧线圆点纹彩陶钵

仰韶文化（距今6800—4800年）

1957年三门峡庙底沟遗址出土

通高7.6厘米，口径20厘米，底径7.5厘米

泥质红陶。敛口，腹微鼓，腹下部斜收为小平底。

口沿至腹上部饰黑彩弧线圆点纹。

### 7.弧线圆点纹彩陶钵

仰韶文化（距今6800—4800年）

1957年三门峡庙底沟遗址出土

通高7.5厘米，口径14.5厘米，底径5厘米

泥质红陶。直口，深腹，腹中部内收为小平底。口沿至腹上部饰黑彩弧线圆点纹。

## 8.弧线圆点纹彩陶钵

仰韶文化（距今6800—4800年）

1957年三门峡庙底沟遗址出土

通高11.5厘米，口径25.6厘米，底径8.5厘米

泥质红陶。敛口，鼓腹，腹下部斜收为小平底。

口沿至腹上部饰黑彩弧线圆点纹。

庙底沟遗址发现于1953年，总面积约36.2万平方米，位于河南省三门峡市湖滨区西南部，处于青龙涧河和苍龙涧河之间的黄土塬上，西北距黄河约1公里。2001年被公布为全国重点文物保护单位。先后经过两次大规模发掘，发现了仰韶文化遗存（仰韶文化庙底沟类型）和仰韶文化向龙山文化过渡时期的遗存（庙底沟二期文化），解决了仰韶文化与龙山文化的源流关系。

## 9.网格纹彩陶钵

仰韶文化（距今6800—4800年）

1957年三门峡庙底沟遗址出土

通高7.7厘米，口径13.1厘米，底径5厘米

泥质红陶。敛口，近直腹，腹下部内收为小平底。口沿至腹上部饰黑彩网格纹。

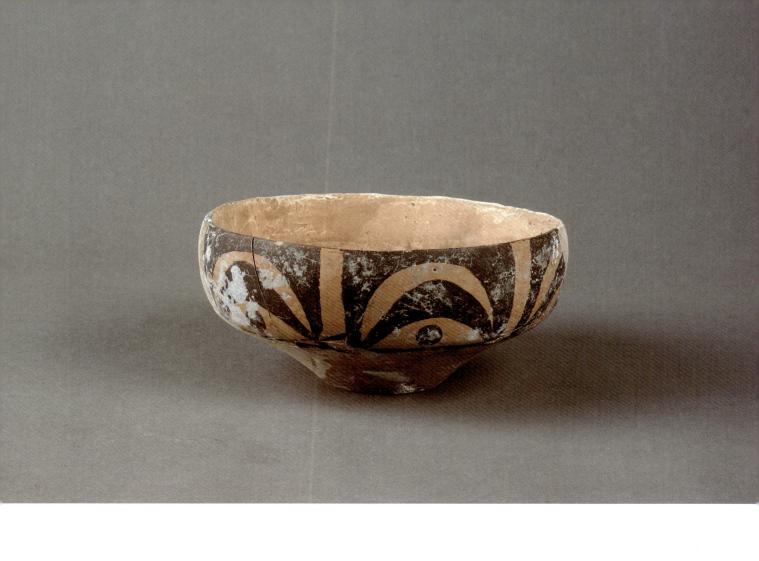

### 10.弧线圆点纹彩陶钵

仰韶文化（距今6800—4800年）

1957年三门峡庙底沟遗址出土

通高7.5厘米，口径14.8厘米，底径4.9厘米

泥质红陶。敛口，微鼓腹，下腹斜收为小平底。口沿至腹上部饰黑彩弧线圆点纹。

### 11.弧线圆点纹彩陶钵

仰韶文化（距今6800—4800年）

1957年三门峡庙底沟遗址出土

通高7厘米，口径13厘米，底径6厘米

泥质红陶。敛口，腹微鼓，腹下部斜收为小平底。

口沿至腹上部饰黑彩弧线圆点纹。

## 12.弦纹彩陶钵

仰韶文化（距今6800—4800年）

1994年三门峡庙底沟遗址出土

高10厘米，口径22.9厘米，底径9.6厘米

泥质红陶。敛口，腹微鼓，腹下部斜收为小平底。口
沿至腹上部饰五周黑彩弦纹，第三、四道弦纹间饰
一周黑彩似鱼状纹，弦纹下饰黑彩不规则圆点纹。

### 13.彩陶罐

仰韶文化（距今6800—4800年）

1984年三门峡卢氏县涧北遗址出土

通高14.9厘米，口径15.2厘米，腹径23.3厘米，底径

10.8厘米

泥质红陶。侈口，尖唇，曲腹，腹下内收为平底。

口沿至腹上部饰黑彩弧线三角纹，其下饰一周黑彩

窄带纹。

### 14.红陶钵

仰韶文化（距今6800—4800年）

1984年三门峡灵宝县阳店乡中河村出土

通高11厘米，口径22.2厘米，腹径36厘米，底径9.8厘米

细泥红陶。敛口，圆唇，曲腹，小平底。通体磨光。

## 15.彩陶盆

仰韶文化（距今6800—4800年）

1999年三门峡灵宝市西坡遗址出土

通高17.5厘米、口径37.7厘米、底径11.1厘米

泥质红陶。敛口，宽沿外侈，腹下部内收为小平底。沿上分别饰黑彩圆弧、三角及圆点纹，腹上部对称分布两个黑彩弧线三角纹，其间饰两组黑彩旋纹，与下部弦纹相连。

北阳平遗址群位于灵宝市黄帝铸鼎原及其周围，主要分布在焦村、西阎、阳平、函谷关四个乡镇境内，共计33处，面积约330万平方米，绝对年代从公元前6000年至公元前2000年，是我国黄河中游豫西灵宝地区新石器时代中、晚期的大型聚落群遗址，是探索中华文明起源的重要地区。目前仅对北阳平遗址和西坡遗址进行过田野考古发掘。其中，西坡遗址位于阳平镇南涧村和西坡村之间，东有夫夫河，西有灵湖河，面积约40万平方米，是聚落群内的二级聚落。先后进行了8次发掘，出土了玉钺等一大批珍贵文物，特别是发现了占地516平方米带回廊的特大型宫殿遗址，堪称同时期建筑面积之最。

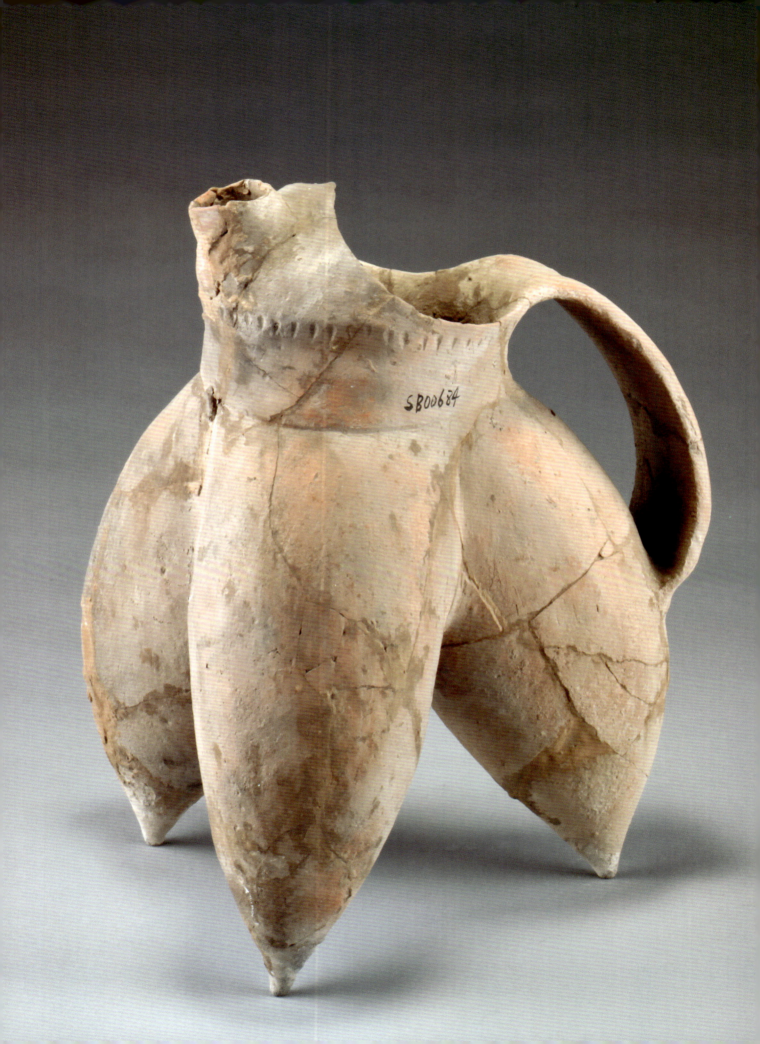

### 16.红陶鬶

龙山文化（距今4800—4000年）

1987年三门峡卢氏县石龙头遗址出土

通高24.2厘米，口径9.6×6.5厘米，足距15厘米，鋬宽4.8厘米，流口径2.6厘米

泥质红陶。造型生动，似鸮状。短流、椭圆口，口沿近流处有一尖状凸出，直颈，三袋足连裆，附宽鋬。颈上部饰一周凹点纹，流下两袋足间施一附加圆形堆纹，鋬两侧各饰一组凹弦纹，鋬与袋足结合部饰三个凹点纹。

三门峡地区历来为兵家必争之地，早在秦孝公元年（前361年），秦国出兵围攻陕（今三门峡市）。公元前325年，秦惠文君派张仪攻取陕。从此，陕地便成为秦人东出函谷关，进攻东方六国的重要据点之一。随着秦人不断的军事胜利，陕地由最初的攻击性前哨阵地转为扼守秦国东大门的重镇，秦人在这里统治了一百多年。近年来，在三门峡地区先后发现了大量秦人墓，为秦文化的研究提供了大量实物资料。

### 17.彩绘陶器

战国中期—西汉初

三门峡市区秦人墓地出土

① 彩绘陶鼎　　通高16.6厘米，口径17厘米

② 彩绘陶鼎　　通高18.5厘米，口径17厘米

③ 彩绘陶甗　　通高29.8厘米。甑：高13.3厘米，口径27.6厘米，底径14.3厘米。鼎：高17.5厘米，口径10厘米

④ 彩绘陶壶　　通高37厘米，口径11.6厘米，腹径24.8厘米，底径14.3厘米

⑤ 彩绘陶蒜头壶　　通高25.7厘米，口径3.4厘米，腹径20.5厘米，底径12.4厘米

鼎为灰陶轮制，子母口，上承覆钵形盖。平底，下附扁柱状足。通体以红、黄、白三种色彩绘三角纹、弦纹、圆点纹。

甑为泥质灰陶，由甑和鼎组合而成，甑底布满圆形箅孔。通体绘红彩三角纹，间以黄彩条带纹，以及白彩珍珠纹。

陶壶为侈口，束颈，鼓腹，圈足底。有盖，腹部饰三周凸弦纹。通体施红、黄彩三角纹和带状纹。

蒜头壶为蒜头状口，细长颈，扁圆腹，圈足底。通体施红、黄彩三角纹和带状纹。

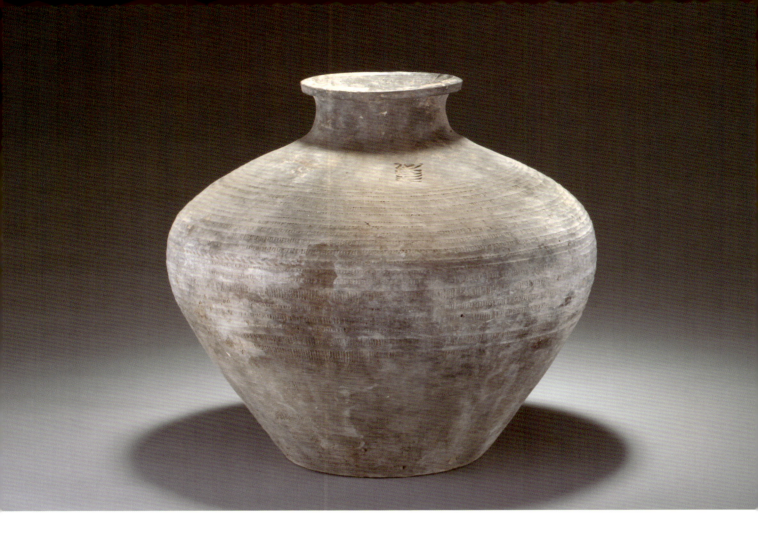

## 18. "陕市"陶缶

战国中期—西汉初

三门峡秦人墓地出土

通高31厘米，口径12.5厘米，底径16厘米

侈口，方唇，束颈，广肩，鼓腹，平底。肩部有
"陕市"陶文，肩及腹部饰相间的绳纹和凹弦纹。

　　秦人墓中出土的一些陶器上，有"陕""陕亭""陕市"等陶文，且大都
在器物的显著部位。如鼎、釜、缶、壶等器物的肩部或腹部，盆、甑等器物的腹
内壁或内底部。戳为方形和长方形，有的带边框，有的不带边框，多为阴文，少
数为阳文，篆体。这些陶文，不仅是器物产地的标志，也是研究当时社会手工
业生产和商品经营管理的重要实物资料。

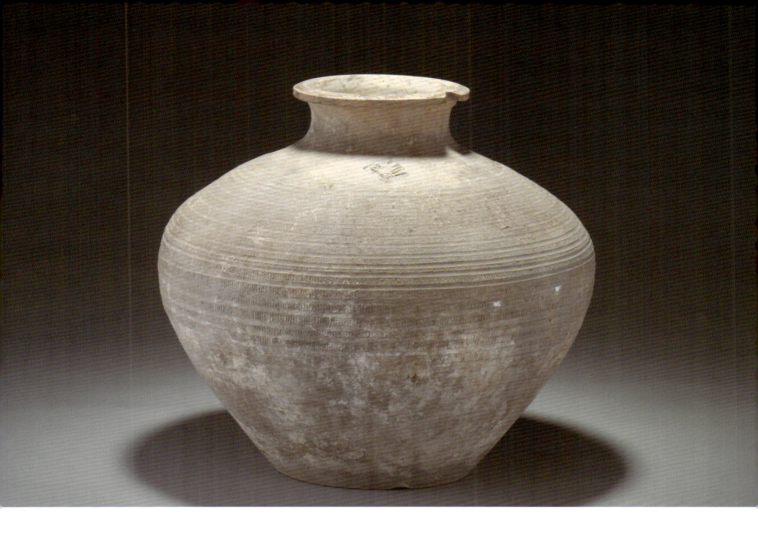

## 19. "陕亭" 陶缶

战国中期—西汉初

三门峡秦人墓地出土

通高29.3厘米，口径12.5厘米，底径15.1厘米

侈口，方唇，束颈，广肩，鼓腹，平底。肩部有
"陕亭"陶文，肩及腹部饰相间的绳纹和凹弦纹。

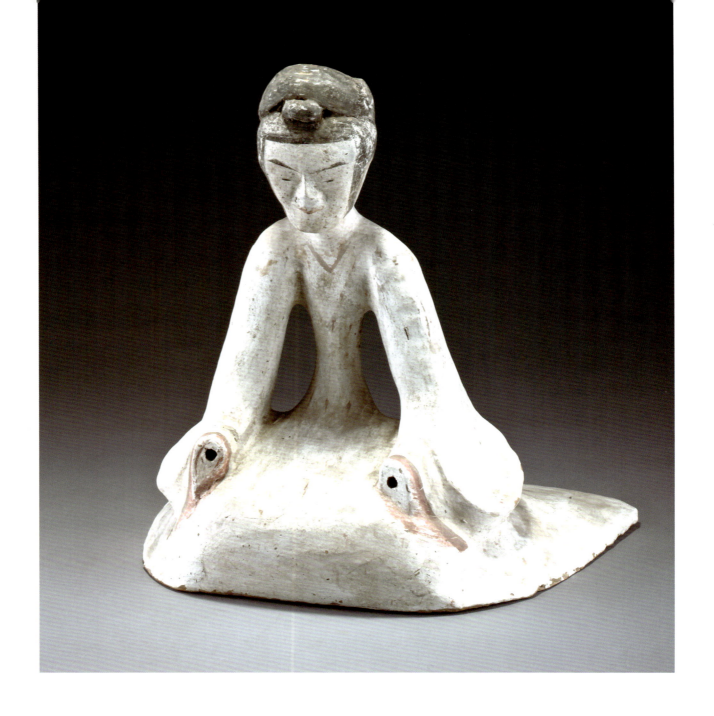

## 20.彩绘陶踞坐俑

西汉（前206—25年）

1996年三门峡市区滨湖路汉墓出土

通高37厘米，通长34.5厘米，通宽24厘米

泥质红陶。呈踞坐状，黑发，额前隆起盘圆髻。五官端正，眉清目秀，口唇涂朱，细腰，两腕搭于膝上，上着宽袖长衣，手与身体分制。通体施白衣。

西汉时期，深衣是上至诸侯下至庶民都可以穿着的礼服，宽袍大袖深藏不露，与细细的腰肢形成鲜明对比，实现了人们对形体美的追求。踞坐是汉代宫廷的一种标准坐姿，为两膝着地，臀部压在脚后跟上。南北朝以后，随着"胡床"等高脚家具的出现，这种坐姿就逐渐消失了。

**21.彩绘陶踞坐俑**

西汉（前206—25年）

1992年三门峡市区立交桥汉墓出土

通高36厘米，通长34.7厘米，通宽20厘米

泥质灰陶。呈踞坐式，宽衣大袖，束腰，头部沿发际线有一周凹槽，以凸显发式。头、手、身体分制，中空，手已不存。眉、眼用黑线描绘，涂红唇。通体施白衣。

## 22. 灰陶熏炉

西汉（前206—25年）

1996年三门峡市区滨湖路汉墓出土

通高26.5厘米，口径11.5厘米，底径16厘米

子母口，弧腹，喇叭形底座置于炉盘上。有盖，圆钮，钮上饰锥形柱，盖身施以三角形镂空。钮下刻画一周嘉禾，其下至口沿部平行分布三周凹弦纹，其间刻画阴线纹。炉柄中空，其上饰凸弦纹。炉盘内饰两周凹弦纹。

熏炉，又称香炉、香薰，是古代的燃香之器。它最迟在战国时期就已经出现，汉代比较盛行，质地以陶质和铜质为主，造型优美，装饰风格独特。《说文·艸部》解释"熏"："火烟上出也，从中从黑，中黑熏象。"段玉裁认为："此烟上出，而烟所到处成黑色之象也。合二体为会意。"

### 23.绿釉陶熏炉

西汉（前206—25年）

1992年三门峡市区立交桥汉墓出土

通高25.7厘米、口径17厘米、底径14厘米

子母口，弧腹，喇叭形底座置于炉盘上。盖为半球形，上透雕两只盘龙，口沿饰一周几何纹，钮为蹲熊，憨态可掬。

## 24. "麻万石" 灰陶囷

东汉（25—220年）

1957年原黄河水库考古队移交

通高36.2厘米，口径7.5厘米，底径18.5厘米

小圆口，溜肩，直腹，平底，下承三兽足。器身施四组凹弦纹，用墨篆书"麻万石"三字。

"囷"是古代的一种储粮设备，最早出现于春秋中晚期。《说文·口部》："囷，廪之圜者，从禾在口中。"大致依形状可分为两类，圆形的名之囷，方形的叫做仓、廪。

### 25．"粟千石"灰陶囷

东汉（25—220年）

2001年三门峡市区向阳汉墓出土

通高41厘米，口径9.7厘米，底径20厘米

圆口，圆唇，短领，斜肩外出檐，直筒形腹，平底
下承三熊足。肩上饰八道瓦棱纹，器身施五组双凹
弦纹，用白颜料隶书"粟千石"三字。

## 26.狩猎纹绿釉陶壶

东汉（25—220年）

1972年三门峡灵宝县出土

通高43.3厘米，口径16.8厘米，腹径35厘米，底径18.7厘米

盘口，束颈，圆肩，鼓腹，腹下内收，假圈足。肩部和腹部分别饰有两周凸弦纹，肩部饰一周浮雕狩猎纹图案，对称饰衔环铺首。通体施铅绿釉，底部露胎，胎色呈砖红色。

低温釉陶器是西汉中晚期至东汉早期盛行于中国北方地区墓葬中的一种冥器。流行之初多素面无装饰，西汉晚期以后部分釉陶器外壁开始流行装饰由龙、虎、熊、朱雀、羽人、狩猎、山峦和云气等构成的模印图案，其表达的意义与西汉晚期驱鬼镇墓、娱神祭祀和引导升仙等丧葬习俗的流行有着直接关系。

### 27.狩猎纹绿釉陶壶

东汉（25—220年）

2001年三门峡市区向阳汉墓出土

通高45厘米，口径16.8厘米，腹径33厘米，底径18厘米

盘口，束颈，圆肩，鼓腹，腹下内收，假圈足。肩部和腹部分别饰有两周凸弦纹，肩部饰一周浮雕狩猎纹图案，对称饰衔环铺首。通体施铅绿釉，底部露胎，胎色呈砖红色。

## 28.绿釉陶楼

东汉（25—220年）

三门峡灵宝市出土

通高100厘米，底边长29厘米

陶楼建筑模型为完整的一进合院，由大门、主体楼阁、厢房、围墙等组成。主体建筑外观为四层高台楼阁，下部墙体上作楞木楼板而不设屋檐，这相当于早期高台建筑的高台基座；前墙靠厢房一侧底部开门可进入室内，靠左墙体上部开门，贴墙下设楼梯。上部各层在墙体转角处设支顶屋檐的斜支撑，正面作斗拱支撑屋檐。一只展翅欲飞的朱雀立于正脊之上，两侧有柿蒂形瓦饰。每层四角垂脊前端有柿蒂形瓦饰，屋顶均有瓦垄，正面有圆形瓦当。上面三层楼阁正面设门，门上方有凸出的菱形格子窗，门两边守卫有持弩武士俑等。

三门峡地区出土了大量汉代院落、楼阁、仓房、作坊、厕所、圈舍等建筑冥器，它们是古人事死如事生观念的产物。该陶楼为我国传统建筑完整"三合院"院落布局的例证，为研究古代的建筑技术以及社会生活提供了珍贵的实物资料。

## 29.黄赭釉投壶

东汉（25—220年）

2001年三门峡市区向阳汉墓M10出土

通高28厘米，口径6.5厘米，腹径18.2厘米，
底径13.6厘米

小圆口微侈，细长颈，扁圆腹，圈足底。
颈、肩、腹等距离饰五组双凹弦纹，体施黄
赭釉。

投壶是古代士大夫阶层宴饮时做的一种
娱乐游戏。《礼记·投壶》说："投壶者，主
人与客宴饮讲论才艺之礼也。"南阳市汉画
馆所藏汉《投壶画像石》生动再现了当时人
们投壶宴饮的场景。

汉投壶画像石拓片（南阳市汉画馆供图）

## 30.绿釉陶钱柜

东汉（25—220年）

1993年三门峡市区出土

通长27.1厘米，通宽21.5厘米，通高21厘米

柜身为长方体，下承四扁足，顶部有一个可开启的盖，与下部长方形密闭机关配合使用。顶部有纵向五列铆钉状饰，正面有横向三排铆钉状饰。红陶胎，通体施绿釉。

### 31. 狩猎纹绿釉陶樽

东汉（25—220年）

三门峡市区出土

通高22.5厘米，口径19.6厘米，底径19.2厘米

内插式博山盖，直腹，平底，下承三熊足。腹部饰一周狩猎纹及对称衔环铺首。胎呈砖红色，施铅绿釉。

### 32.绿釉陶鸱鸮

东汉（25—220年）

1992年三门峡市区立交桥汉墓出土

通高25.5厘米，通长27.8厘米，通宽17.8厘米

蹲状鸮形。头顶有一小直口，两耳直立，双目圆睁，嘴侧扁而强壮，尖钩喙。双耳、眼、喙、双肢施黄釉，其余躯体部分施绿釉。造型生动，形象逼真。

### 33.彩釉陶鸱鸮

东汉（25—220年）

1996年三门峡市区滨湖路汉墓出土

通长18厘米，通宽10.8厘米，通高18.4厘米

蹲状鸮形。头顶有一小直口，两耳直立，双目圆睁，嘴侧扁而强壮，尖钩喙。通体施黄绿相间的彩釉。造型生动，栩栩如生。

### 34.绿釉胡人俑灯

东汉（25—220年）

三门峡市区出土

左：通高28厘米，帽口径5.8厘米。
呈坐姿，头戴高帽，深目高鼻，阔耳，
双手捧物。通体施绿釉。

中：通高27厘米，帽口径6厘米。
呈坐姿，头戴高帽，深目高鼻，面目慈
祥，怀抱二子。通体施绿釉。

右：通高23厘米，帽口径4.6厘米
呈坐姿，头戴高帽，深目高鼻，双手持
箫，作吹奏表演。通体施绿釉。

　　胡人俑灯，即造型为胡人相貌的一
种釉陶灯，为汉文化与西域文化交流的
产物。大多出土于三门峡地区，具有鲜
明的地域特色。

## 35.绿釉陶狗

东汉（25—220年）

三门峡市区出土

通长36厘米，通宽15.7厘米，通高31.8厘米

呈站立状，昂首卷尾，怒目狂吠，颈、腰束圈带，

通体饰绿釉。

狗是人类最早饲养的动物，在陶塑、画像石和绘画等艺术品中也常常将其作为表现的对象。《礼记·少仪》归纳当时狗的用途："一曰守犬，守御田宅舍也；二曰田犬，田猎所用也；三曰食犬，充庖厨庶羞也。"

## 36.红陶狗

西汉（前206—25年）

三门峡市区出土

通长33.5厘米，通宽13.8厘米，通高24.5厘米

泥质红陶。呈站立状，昂首卷尾，憨态可掬，颈、腰束圈带。

### 37.彩绘陶马

西晋（265—316年）

1981年三门峡义马市出土

通长35.3厘米，通宽12厘米，通高29.6厘米

呈欲奔状，体态健壮，昂首注目，两耳直立，后腿
弯曲，尾巴下垂。灰陶质地，通体施白衣，多已脱
落。背上配鞍，鞍两侧分别彩绘一只奔鹿。

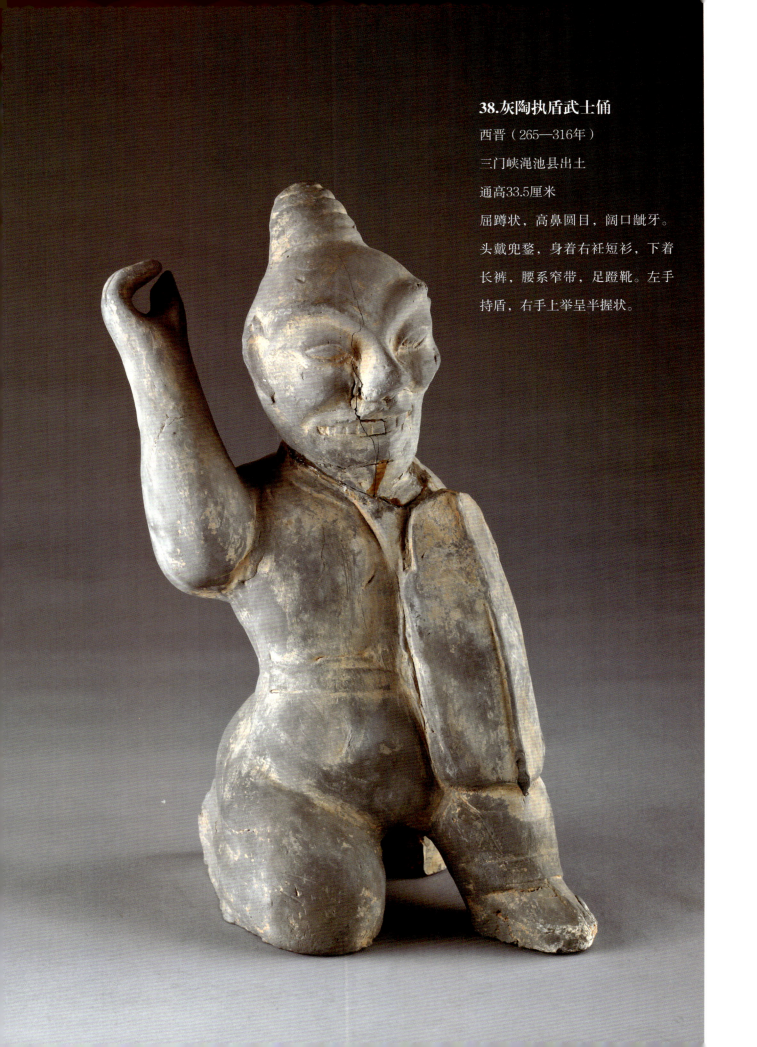

**38.灰陶执盾武士俑**

西晋（265—316年）

三门峡渑池县出土

通高33.5厘米

屈蹲状，高鼻圆目，阔口龇牙。头戴兜鍪，身着右衽短衫，下着长裤，腰系窄带，足蹬靴。左手持盾，右手上举呈半握状。

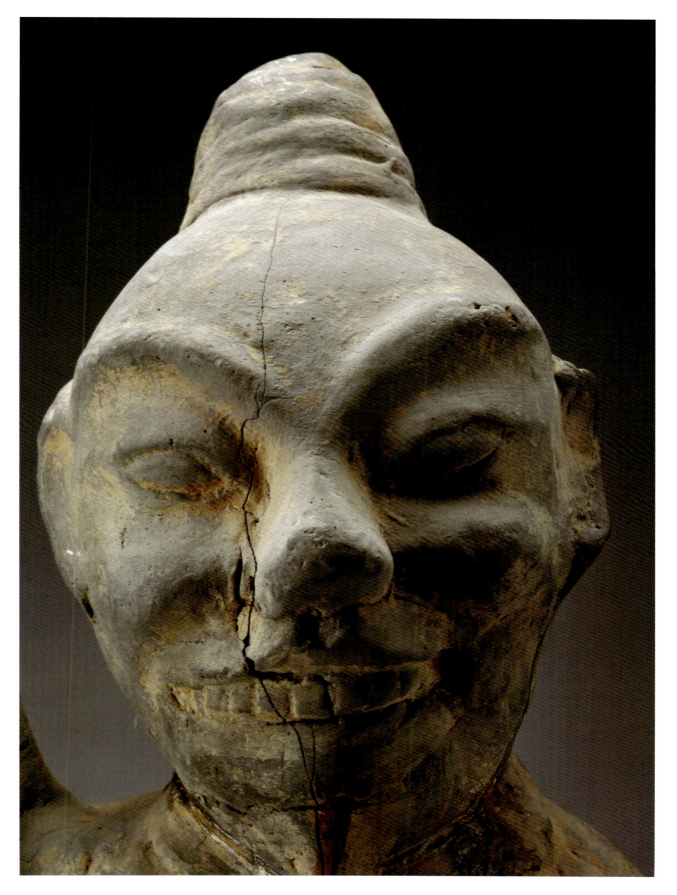

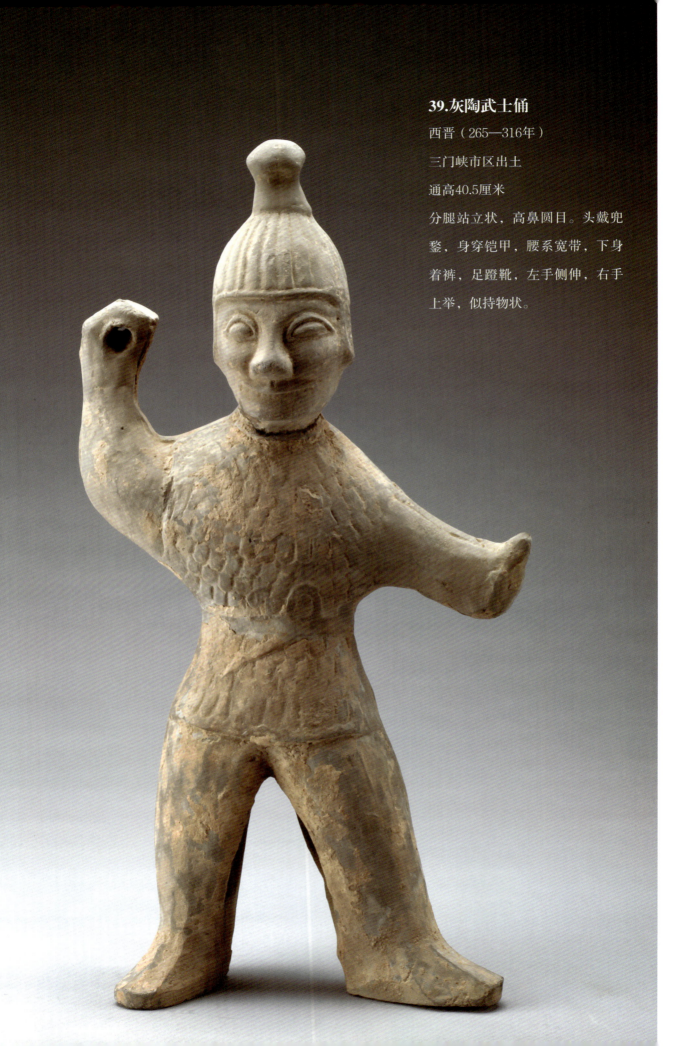

### 39.灰陶武士俑

西晋（265—316年）

三门峡市区出土

通高40.5厘米

分腿站立状，高鼻圆目。头戴兜鍪，身穿铠甲，腰系宽带，下身着裤，足蹬靴，左手侧伸，右手上举，似持物状。

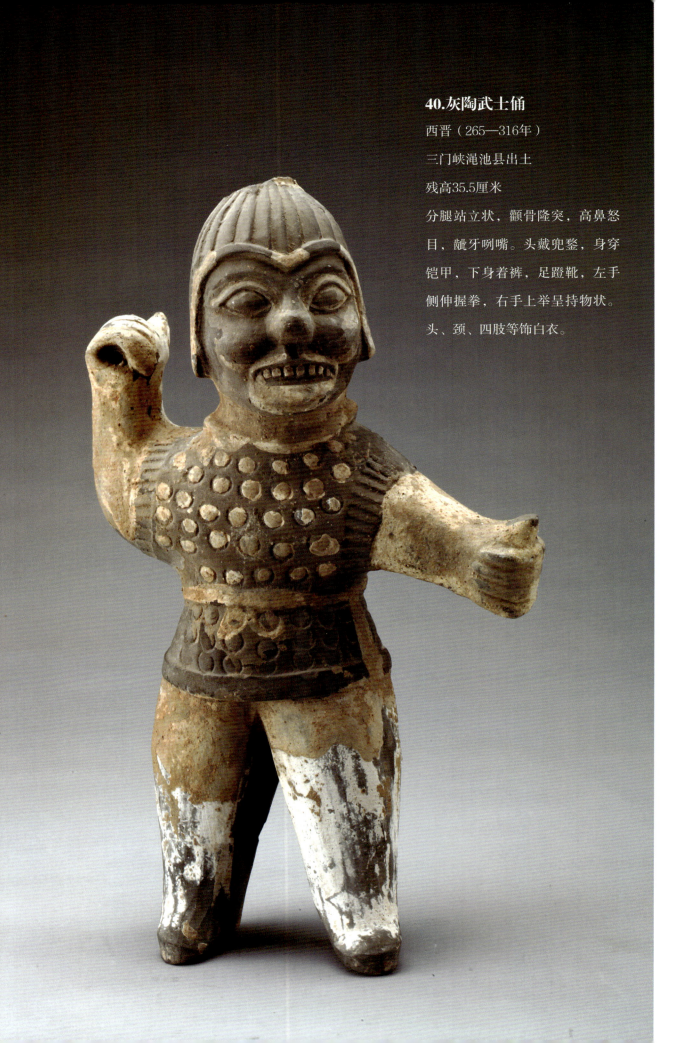

### 40.灰陶武士俑

西晋（265—316年）

三门峡渑池县出土

残高35.5厘米

分腿站立状，颧骨隆突，高鼻怒目，龇牙咧嘴。头戴兜鍪，身穿铠甲，下身着裤，足蹬靴，左手侧伸握拳，右手上举呈持物状。头、颈、四肢等饰白衣。

## 41.灰陶镇墓兽

西晋（265—316年）

三门峡陕州区出土

通长29厘米，通宽14厘米，通高28厘米

站立状，短足，体态丰腴，通身施白衣。昂首怒目，

阔口剑齿，尾上卷附于臀间。头顶有四个圆孔，背中

部、臀下、腹前各有一圆孔。

**42.灰陶镇墓兽**

西晋（265—316年）

三门峡市区出土

通长28.3厘米，通宽9.5厘米，通高21.7厘米

形状近似犀牛。头部有三只利角，短颈，四腿粗壮
有力，粗尾上卷。脊背上有四个圆饼状物，通身饰
斑点状白彩。

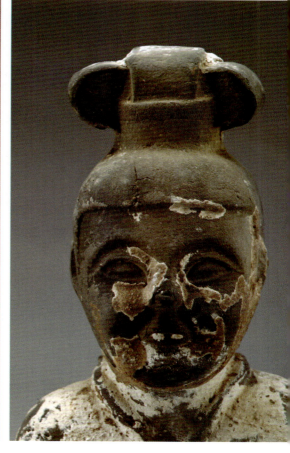

### 43.灰陶女俑

西晋（265—316年）

三门峡渑池县出土

通高22.5厘米

灰陶白衣，双手抚于胸前，作恭立状。头梳十字髻，
面部丰满，弯眉秀目，五官端正。身穿左衽窄袖曳地
长裙。

## 44.灰陶女俑

西晋（265—316年）

三门峡渑池县出土

通高21.6厘米

作恭立状。头梳十字髻，弯眉秀目，面部丰满，五官端正。身穿左衽宽袖曳地长裙，腰束带。

**45.灰陶女俑**

西晋（265—316年）

三门峡渑池县出土

通高19.5厘米

作抚手恭立状，头梳十字形髻，弯眉秀目，五官端

正。身穿左衽宽袖曳地长裙，腰束带。

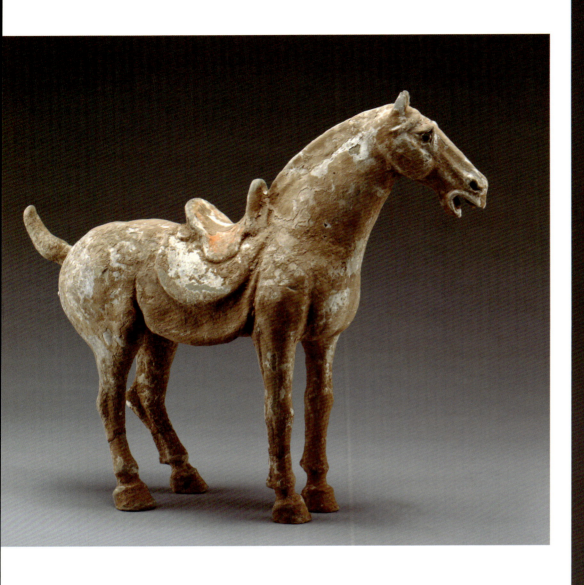

## 46.彩绘陶马

唐代（618—907年）

2005年三门峡市区出土

通高41.8厘米，通长46.5厘米

四足挺立，目视前方，昂首嘶鸣，短尾上扬，配
鞍，刚健有力。全身施白衣，鞍上施赭红色彩。

**47.彩绘镇墓兽**

唐代（618—907年）

1985年三门峡市区上村唐墓出土

通高75厘米

狮面兽身，马蹄足，前肢直立，后肢蜷屈，蹲踞于底座，座两侧有对称圆孔。头顶有两直角，头、颈部及前肢上部两侧有锥状竖立之毛。面目狰狞，似嚎叫状。通体施彩绘，多已脱落。

上村唐墓坐北向南，由长方形斜坡墓道、甬道、天井和土洞墓室组成。从墓志铭得知，墓主韩晓，字柔远，为贝洲司兵参军，四代为列卿，卒于唐高宗调露二年（680年）七月三日，于武周长安三年（703年）迁葬于陕城东塬，为夫妇合葬墓。

## 48.彩绘天王俑

唐代（618—907年）

1985年三门峡市区上村唐墓出土

通高89.5厘米

头戴盔胄，身着翻领紧身铠甲，肩饰兽头，足着战靴踏卧牛于座上。左手叉腰，右手握拳作持物状。闭口瞪目，目视左前方，表情威严。通体施彩绘，部分脱落。

### 49.三彩胡人俑

唐代（618—907年）

2007年三门峡市区出土

通高46厘米

胡俑头戴尖顶帽，身穿翻领窄袖衣。深目
高鼻，双臂抬起作牵引状。身施黄、绿、
白色釉。

## 50.三彩胡人俑

唐代（618—907年）

2007年三门峡市区出土

通高48.8厘米

胡俑头戴黑色幞头，身穿翻领窄袖衣。深
目高鼻，八字胡须，双臂抬起作牵引状。
身施黄、绿、白色釉。

## 51.三彩执壶

唐代（618—907年）

2006年三门峡市区出土

通高40厘米，腹径18.2厘米，底径13.5厘米

器身修长，造型优美，釉肥厚温润，有绿、黄、褐、白等色。凤首口，细长颈，鼓腹，喇叭形圈足。连体双鋬附于口和肩部，其顶部饰一圆珠。颈部、肩部、腹部饰六组弦纹，肩、腹部饰贴花。

　　这件三彩执壶，奢丽华美，制作精细，再现了大唐盛景。当时，中国与西亚通过丝路贸易和文化交流，大量西域商品流入，工匠因而接触到各种工艺，吸收新颖风格技术，博采众长，创造出了许多具有西域文化元素的器物。

### 52.三彩玩具

唐代（618—907年）

1985年三门峡市区出土

狗：通高4厘米，通长5.3厘米，通宽2厘米

狮子：通高6.9厘米，通长5.3厘米，通宽4.3厘米

骆驼：通高7.8厘米，通长6.2厘米，通宽3.2厘米

埙：通高4厘米

一组四件，形体较小，分别为狗、狮子、骆驼、人面埙。灰白胎，釉肥厚，分别施绿、黄、白等色。形象生动，造型逼真。

### 53.彩绘陶俑

唐代（618—907年）

2000年三门峡市区三里桥村唐墓出土

通高25—42厘米

中间两件女侍俑梳半翻髻，淡眉细目，粉面朱唇。内着红色曳地喇叭形长裙，外穿白色襦衣，一臂自然下垂，另一臂屈至腹部，两腿作迈步状。其余六件女侍俑均为站立状，束高髻，面部施粉涂脂，细目朱唇。身着方领袒胸红色落地长裙，白色披肩，双手合拢于腹部。两件男侍俑均为站立状，头戴黑幞头，面部丰腴，浓眉大眼，有"八"字胡须。身着圆领红袍，束带，双手拱于胸前。

### 54.杂剧砖雕

金代（1115—1234年）

1988年三门峡义马市出土

左：通高29厘米，通宽14.5厘米

右：通高46厘米，通宽23厘米

左一人头戴无脚幞头，身穿圆领窄袖长袍，右手抬起作指点状，左手执一上宽下窄的大板，应为装孤色。

左二人头戴直脚幞头，身披斗篷，腰部系一块小布掩住裆部，肩部罩条纹披肩，面部表情滑稽，嬉皮笑脸，着装奇异，应为副净角色。

左三人头裹软巾，左鬓插花，身穿圆领窄袖长袍，腰束带，左手掩口作嬉笑状，右手执一拍板，双腿弯曲，右臀上提，姿态滑稽，应为副末角色。

左四人头戴无脚幞头，身穿圆领窄袖长袍，腰束软带，双手握一竿于左侧，面部表情呆板，应为末泥角色。

左为一老妪，慈眉善目，满面皱纹，头梳髻别簪，身着花边对襟窄袖衫，双手相袖坐于椅上。

右为一老翁，面目和善，留有长须，头戴尖顶软帽，身着圆领长袖袍，腰束软带，双足着靴，左手掩于袖内，右手抬起，执一串念珠坐于椅上。

这组杂剧人物砖雕雕刻技艺娴熟，人物形象生动，为研究豫西地区雕塑艺术发展史和我国金元杂剧的发展状况提供了宝贵资料。

## 55. "寄寄老人"款陶五供

元代至元二十九年（1292年）

1996年渑池七〇七家属楼工地M13出土

牌位：通长27.2厘米，通宽18.3厘米，通高41.7厘米

香炉：通长28.5厘米，通宽12.8厘米，通高16.8厘米

方炉：通长13.5厘米，通宽13.1厘米，通高11.4厘米

钫（左）：通长13.9厘米，通宽13.9厘米，通高30.9厘米

钫（右）：通长14厘米，通宽13.5厘米，通高31.5厘米

一组五件（套），由两件炉、两件钫、一件（套）牌位组成。均为澄泥黑陶，质地坚硬，造型古朴。一炉口近方形，平沿，深腹内收，方座，后壁近沿处有一圆孔。身地饰回纹，其上为卷云纹。底部楷书阴文"长安脾地，寄寄老人"。另一炉口为长方形，平沿，附耳，深腹内收，长方形座。身地饰回纹，其上为兽面纹。底部楷书阴文"寄寄老人"。左边陶钫方口，平沿，束颈，颈附双龙耳，鼓腹，方座。颈部正面饰"☱"（兑）卦，背面饰"☳"（震）卦。底部楷书阴文"长安脾地，寄寄老人"。右边陶钫方口，平沿，束颈，颈附双龙耳，鼓腹，方座。颈部正面饰"☲"（离）卦，背面饰"☵"（坎）卦。底部楷书阴文"长安脾地，寄寄老人"，底座一侧沿阴刻行书"至元二十九年造"。牌位由半圆额牌身、赑屃趺座及抹角长方形底板组合而成，赑屃昂首俯卧于抹角长方形底板之上，牌身自赑屃背中部插于腹中。牌位上的朱书文字已脱落不可辨识，底座阴文楷书"寄寄老人"。

　　"寄寄老人"为陈姓，可能是杭州人，"寄寄老人"为其号，金末元初时主要生活在长安和晋南地区，是当时非常著名的一位制陶大师，尤其擅长砚瓦制作，故又有"研师"之称。其作品工艺精良，古朴厚重典雅，深得文人儒士喜爱，并与一些文人结为挚友。

# 第二部分　玉石器

## 1.石镰

前仰韶文化（距今8000—6800年）

1979年三门峡卢氏县薛家岭遗址出土

通长19厘米，通宽5.9厘米，厚0.9厘米

呈弧形，刃部刻有齿。背部进行了磨光处理，有一

打制缺口，便于和镰柄衔接。

### 2.玉钺

仰韶文化（距今6800—4800年）

1984年三门峡卢氏县果角遗址出土

通长17厘米，通宽9.1厘米，厚1.2厘米

呈青灰色，通体磨光。弧形刃，尾部有直径为1厘米
的穿孔。

**3.玉铲**

仰韶文化（距今6800—4800年）

1987年三门峡市区出土

通长23厘米，通宽10厘米，厚1.3厘米

呈灰白色，通体磨光。弧形刃。

### 4.玉钺

仰韶文化（距今6800—4800年）

1987年三门峡市上村岭出土

通长14.4厘米，通宽12厘米，厚1.2厘米

呈浅黄色，通体磨光。弧形刃，有一穿孔。

## 5.石耒

仰韶文化（距今6800—4800年）

三门峡市渑池县郑窑遗址出土

通长21.5厘米，通宽11.9厘米，厚2.7厘米

呈青灰色，通体磨光。为不规则长方形，两面中部
有一条凹槽。

### 6.玉铲

仰韶文化（距今6800—4800年）

1985年三门峡灵宝县柿坬塔遗址出土

通长16.8厘米，通宽6.6厘米，厚1.2厘米

呈青绿色，通体磨光。弧形刃，上端有直径为1厘米
的穿孔。

**7.玉铲**

仰韶文化（距今6800—4800年）

1988年三门峡灵宝县柿圪塔遗址出土

通长21.6厘米，通宽9厘米，厚2.2厘米

呈青绿色，通体磨光。弧形刃，上端有直径为1.5厘米的穿孔。

**8.玉铲**

仰韶文化（距今6800—4800年）

三门峡灵宝市出土

通长18.2厘米，通宽6.8厘米，厚2厘米

呈黑色，通体磨光。弧形刃，上端有直径为1厘米的
穿孔。

### 9.玉钺

龙山文化（距今4800—4000年）

三门峡灵宝市出土

通长10.5厘米，通宽9.3厘米，厚0.4厘米

呈墨绿色，通体磨光。弧形刃，中部有直径为1.8厘

米的穿孔。

## 10.钻孔石刀

龙山文化（距今4800—4000年）

三门峡渑池县出土

长9.7厘米，宽5厘米

呈青灰色，通体磨光。长方形，中部有直径为0.9厘米的穿孔。

**11.玉柄形器**

商代（前1600—前1046年）

征集

通长14厘米，通宽1.6厘米，厚0.9厘米

青玉，质地温润。呈长条形，一端微尖，

另一端呈握柄状。

## 12.玉瑗

商代（前1600—前1046年）

1975年三门峡市卢氏县岗台遗址出土

直径12厘米，孔径6.2厘米，肉宽3厘米，厚1.3厘米

青白玉，质地温润。呈圆形，通体素面。

《尔雅·释器》载："肉倍好，谓之璧；好倍肉，谓之瑗；肉好若一，谓之环"。肉指的是器身，好指的是中心的孔。实际中肉、好尺寸比例并非如此若合符节。

戈是流行于商周时期的一种兵器，以玉为戈始见于二里头文化，为一种仪仗器。西周时期玉戈大多不饰纹饰，制作不及商代精细。西周以后玉戈趋于消亡。

### 13.玉戈

西周（前1046—前771年）

1990年三门峡虢国墓地M2009出土

通长35.2厘米，援宽8厘米，厚0.5厘米

青玉，质地较细腻，因受沁呈黄褐色。尖锋呈三角形，与援的上下边刃相接。

两面有脊，内中部有一圆穿，残留有朱砂痕迹。

### 14.玉戈

西周（前1046—前771年）

1990年三门峡虢国墓地M2009出土

通长35.2厘米，援宽5.6厘米，厚0.4厘米

青玉，质地较细腻。尖锋呈三角形，与援的上下边
刃相接。两面有脊，援近内处中部有一圆穿，残留
有朱砂痕迹。

## 15.玉璧

西周（前1046—前771年）

1990年三门峡虢国墓地M2009出土

直径12.3厘米，孔径6.6厘米，厚0.5厘米

青玉，质地温润。呈圆形，通体素面，残留有朱砂。边缘处有一切割痕迹。

## 16.玉璜

西周（前1046—前771年）

1990年三门峡虢国墓地M2009出土

长10.9厘米，宽2.4厘米，厚0.4厘米

青玉，质地温润，半透明。双面饰阴线尖尾双龙
纹。两端置圆形穿孔。

## 17.玉柄形器

西周（前1046—前771年）

1990年三门峡虢国墓地M2009出土

通长16.2厘米，通宽2.3厘米，厚0.6厘米

青玉，质地温润，因受沁而呈土黄色。柄部上端刻
一周凸带纹，中部刻两周凸弦纹。

### 18.玉玦

西周（前1046—前771年）

三门峡虢国墓地出土

直径4.1厘米，孔径1.5厘米，厚0.38厘米

青白玉，质地温润。正面饰缠尾双龙纹。

### 19.玉玦

西周（前1046—前771年）

1957年三门峡虢国墓地出土

直径3.1厘米，孔径1厘米，厚0.2厘米

青玉，质地温润，因受沁而呈白色。正面饰缠尾双龙

纹。

## 20.玉鸟形佩

西周（前1046—前771年）

1990年三门峡虢国墓地M2009出土

高4厘米，长7厘米，厚0.3厘米

青玉，质地温润，一面受沁严重呈土黄色。双面阴线刻出眼睛、爪、羽毛等。胸部有一小圆穿。

## 21.玉龙

西周（前1046—前771年）

1990年三门峡虢国墓地M2009出土

最大外径3.8厘米，身宽1.3厘米，厚0.6厘米

青白玉，质地温润。首尾相衔，双面纹样为阴刻，

大体相同。头顶部有一斜对穿。

### 22.玉鹿

西周（前1046—前771年）

1990年三门峡虢国墓地M2009出土

高3厘米，长4.1厘米，厚0.4厘米

青玉，受沁严重呈土黄色。鹿作卧姿状，曲颈回首、圆目、竖耳。前足处有小圆穿。

### 23.兽面形玉佩

西周（前1046—前771年）

1990年三门峡虢国墓地M2009出土

通高2.7厘米，通宽2.4厘米，厚0.9厘米

青玉，玉质细腻，局部受沁呈黄褐色，背面有石
纹。正面饰兽面纹，中部有圆穿。

### 24.玉牛

西周（前1046—前771年）

1990年三门峡虢国墓地M2009出土

通高3.1厘米，通长4.5厘米，厚0.65厘米

青玉，玉质细腻，受沁较重，呈黄褐色。牛作跪卧状，侧视，双钝角耸立，尾贴于臀部。正面以阴刻线勾勒出身部轮廓。脊背中部、口部和后肢部各有一斜穿。

## 25.玉组合项饰

西周（前1046—前771年）

1957年三门峡虢国墓地出土

素面玉牌长2.4厘米，宽1.8厘米，厚0.2厘米

兽面玉牌长2.8厘米，宽2.2厘米，厚0.3厘米

由7个青玉牌饰和67粒红色玛瑙珠相间串系而成。
玛瑙珠用双线穿成两行，每行5枚或6枚珠子，双线
并串入一枚马蹄形玉牌中。玛瑙珠的形状、大小不
等。

## 26.玉璧

西汉（前206—25年）

1991年三门峡市火电厂M25出土

直径20厘米，孔径5.7厘米，厚0.6厘米

青玉，质地较温润，受沁较严重。两面纹饰相同，两周条带状斜短纹及外缘一周凹弦纹将纹饰分为两区。内区饰涡纹，地为菱形纹。外区饰夔龙纹和凤鸟纹。

**27.玉璧**

西汉（前206—25年）

1973年三门峡市会兴棉纺厂工地出土

直径14.2厘米，孔径4.5厘米，厚0.2厘米

青玉，受沁严重。两面纹饰相同，内边缘及外沿各
饰一周凹弦纹，其间饰涡纹、菱形地纹。

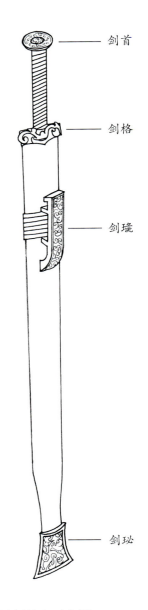

剑首

剑格

剑璏

剑珌

玉具剑装配示意图

**28.玉剑璏**（上）

西汉（前206—25年）

三门峡市区出土

通长7.4厘米，通宽2.1厘米，通高1.3厘米

青玉，受沁严重。扁形条状，两端向下卷曲，底部有长方形穿，正面饰谷纹，方格形地纹。

**29.玉剑璏**（下）

西汉（前206—25年）

2001年三门峡市区向阳汉墓M53出土

通长9.4厘米，通宽2.2厘米

青白玉，质地温润。扁形条状，两端向下卷曲，底部有长方形穿，正面雕大小两只嬉戏螭龙。

## 30.玉翁仲

西汉（前206—25年）

2001年三门峡市区向阳汉墓M15出土

通高2.6厘米，宽0.9厘米，厚0.4厘米

青白玉，微沁。为站立状，束髻，双目和口部用阴
线刻，束腰，腰部有一横向穿孔。

翁仲原名阮翁仲，相传威严勇猛。
后人常以石雕刻其像立于神道，以守护坟
茔。至汉代，随身佩带玉翁仲的习俗广为
流行，借以驱邪逐魅。

## 31.俳优俑石镇

西汉（前206—25年）

三门峡市渑池县出土

通高7.2—8.5厘米

石质，白色，为俳优形象。一组四个，其中一个侵蚀严重。造型生动，神态各异。

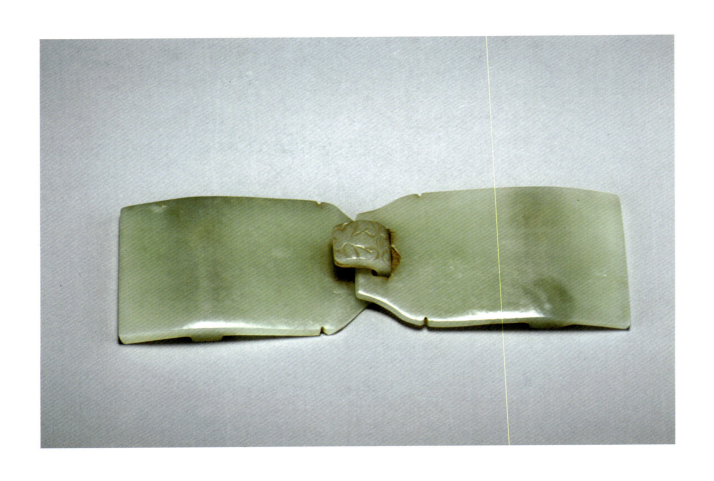

### 32.青玉带扣

清代（1644—1911年）

征集

通长16厘米，通宽5厘米

由带扣、带钩两部分组成。带扣、带钩均为长方
形，带扣前端有长方形孔，带钩头饰龙首纹。

### 33.白玉带钩

清代（1644—1911年）

征集

通长9厘米，通宽3厘米

青白玉，琵琶形。钩作龙首状，正面雕一螭龙，背
面有一圆钮。

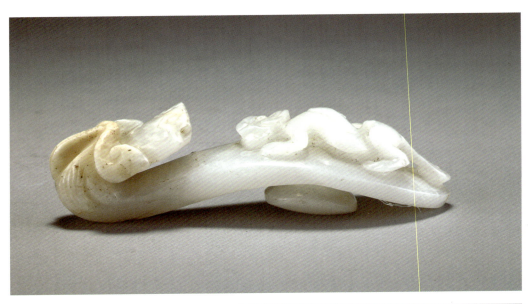

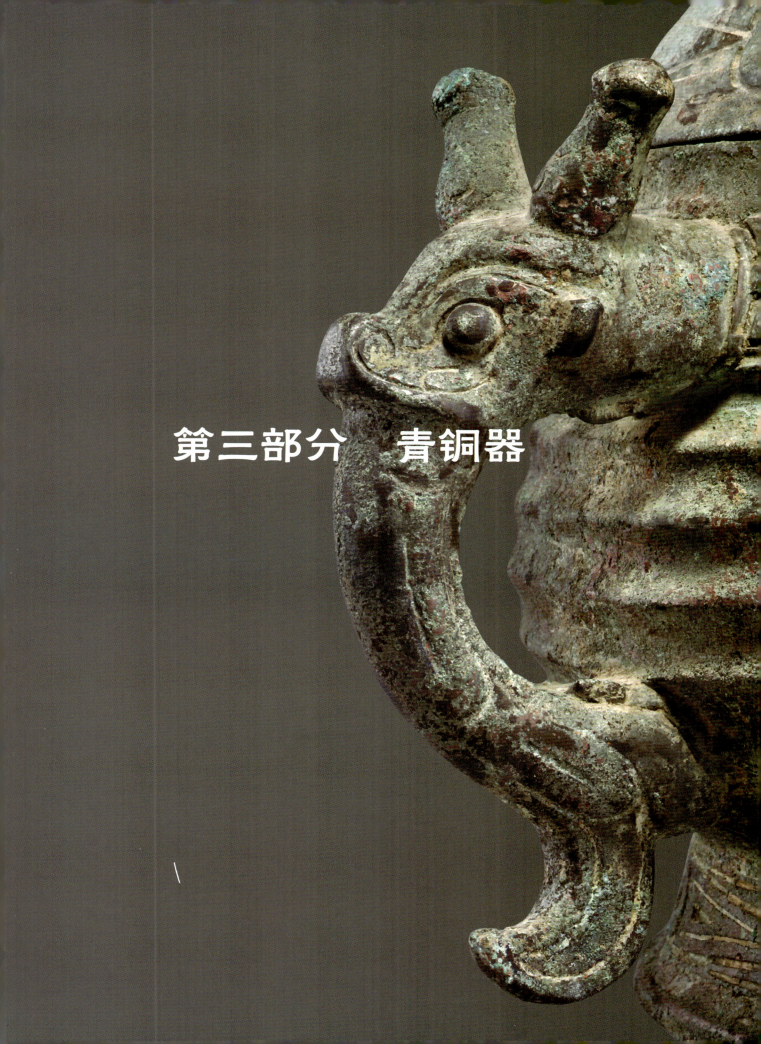

第三部分　青铜器

## 1.铜钺

商代（前1600—前1046年）

1975年三门峡市卢氏县文管所征集

通长17.4厘米，通宽8厘米

弧刃，近柄处有两个长方形穿孔，钺面中
上部有一个直径1.2厘米的圆孔。

## 2.饕餮纹铜觚

商代（前1600—前1046年）

1973年灵宝县尹庄镇王湾村出土

通高28.2厘米，口径16.1厘米，底径8.6厘米

喇叭形口，颈、腹部修长，高足外撇，下承圆座。颈部饰蕉叶纹，其下饰夔

纹。腰部、圈足上部各有四道扉棱，并饰雷纹地的变形饕餮纹。

### 3.铜斝

商代（前1600—前1046年）

1974年灵宝县豫灵镇东桥村出土

通高17.7厘米，口径12.3厘米

侈口，束颈，鼓腹，圜底，三棱状锥足。颈、腹部
有一桥形錾，口沿上有两个对称菌状立柱，其上饰
卷云纹。颈部饰一周目雷纹。

## 4.饕餮纹铜爵

商代（前1600—前1046年）

1974年灵宝县豫灵镇东桥村出土

通高15.5厘米

长流，尖尾，深腹，圜底，三棱状尖锥足外撇，流后部有菌状立柱，其上饰卷云纹。腹部有鋬，一侧饰云雷纹，另一侧饰云雷纹地饕餮纹。

**5.弦纹铜爵**

商代（前1600—前1046年）

征集

通高16.4厘米

长流，尖尾，深腹，圜底，三棱状尖锥足外撇，一侧有鋬，流后部有菌状立柱，其上饰卷云纹。腹部饰三周弦纹。

## 6.铜鬲

商代（前1600—前1046年）

征集

通高17.5厘米，口径12.1厘米，足距11厘米

侈口，束颈，口沿上有一对立耳，分裆，鼓腹，三锥形足。颈部饰两周弦纹，腹部饰三组双线人字纹。

## 7.铜鼎

西周（前1046—前771年）

1981年三门峡市区出土

通高25.1厘米，口径20.7厘米

敛口，折沿，方唇。口沿上有两立耳，深腹，圜底，三柱足。口沿下饰一周火龙纹，底部有烟熏痕迹。

### 8.铜簋

西周（前1046—前771年）

1981年三门峡市区出土

通高13.3厘米，口径19.2厘米，底径14.7厘米

侈口，鼓腹，高圈足。腹部有两个兽形环耳。口沿
下及圈足各饰一周变形的饕餮纹。

## 9. "追夷"簋

西周（前1046—前771年）

1995年三门峡市李家窑M44出土

通高25.6厘米，口径20.6厘米

口微敛，垂腹，圈足附三个兽面纹支足，两兽耳。有盖，盖表隆起，顶部有喇叭形握手。器盖、器身口沿部及圈足部各饰一周变形蝉纹，盖表和腹部饰瓦垅纹。盖内及器身内底部铸有内容相同的铭文，共6行52字，为"唯正月初吉丁亥，追尸（夷）不敢昧先人之显，对扬厥显祖之遗宝，用作朕皇祖冕仲尊簋。追尸（夷）用祈赐眉寿永命，子子孙孙其万年永宝用。"

李家窑遗址位于三门峡市区南部，南临青龙涧河，北依绵延的上村岭，地势平坦开阔。M44为口小底大的长方形竖穴土坑墓，单棺单椁。出土了一鼎二簋的铜礼器，四套仿铜陶礼器（鬲、豆、盂、罐），一件兵器（铜戈）。从出土器物特征及地层叠压关系，可知该墓的时代应略早于上村岭虢国墓地，即西周晚期，墓主人为士大夫一级贵族。

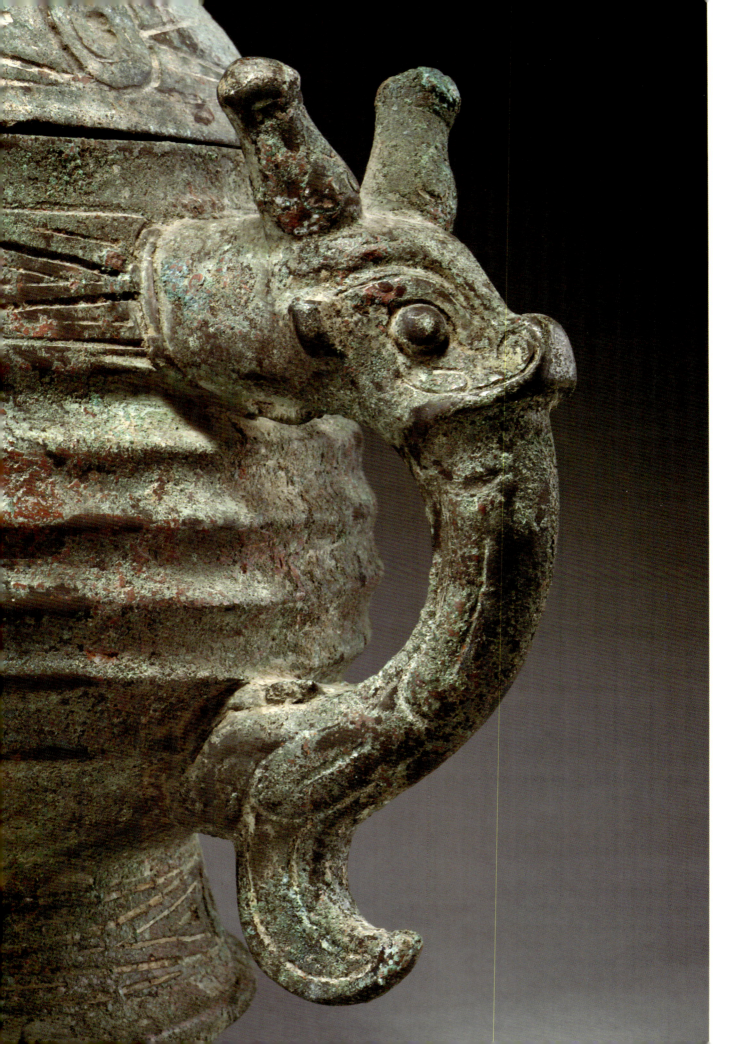

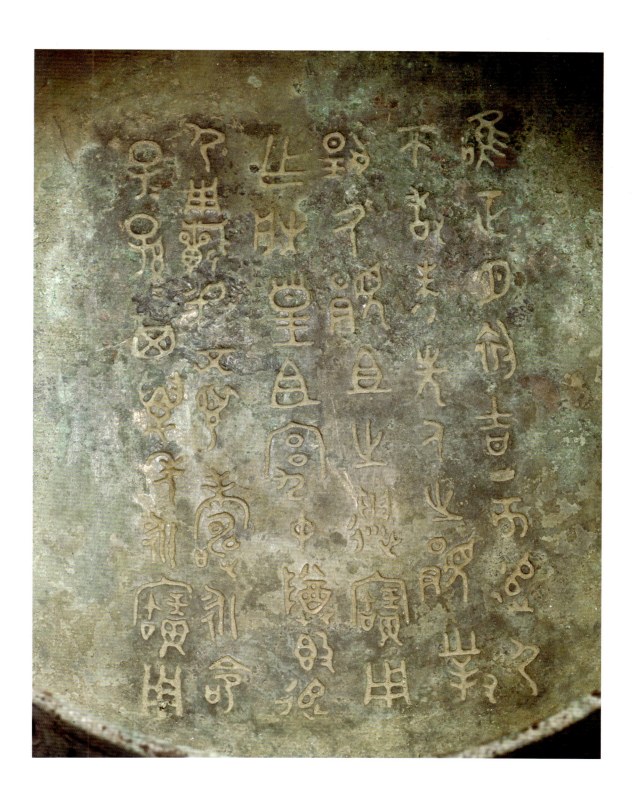

## 10.凤鸟纹铜鼎

西周（前1046—前771年）

三门峡虢国墓地出土

通高42厘米，口径38.6厘米

口微敛，窄平沿外折，方唇，立耳，半球形腹，圜
底，三蹄足，口沿下饰一周窃曲纹，腹上部饰一周
凤鸟纹，两种纹样之间装饰一周凸弦纹。

**11.凤鸟纹铜鼎**

西周（前1046—前771年）

三门峡虢国墓地出土

通高45厘米，口径44.5厘米

口微敛，窄平沿外折，方唇，立耳，半球形腹，圜

底，三蹄足。口沿下饰一周窃曲纹，腹上部饰一周

凤鸟纹，两种纹样之间装饰一周凸弦纹。

## 12.波曲纹铜鼎

西周（前1046—前771年）

三门峡虢国墓地出土

通高42厘米，口径42厘米

敛口，平折沿，方唇，立耳，半球形腹，近平底，
蹄足。口沿下饰一周窃曲纹，腹部饰一周波曲纹，
两种纹样之间饰一周凸弦纹，耳外侧饰重环纹。

### 13."国子硕父"鬲

西周（前1046—前771年）

三门峡虢国墓地出土

通高13厘米，口径17.7厘米，足距7厘米

直口，平折沿，方唇，短束颈。鼓腹，平裆，蹄形足。

腹部饰三组凤鸟纹，每组间隔以竖向扉棱。颈部内侧逆

时针方向铭文为："虢中（仲）之嗣或（国）子硕父

乍（作）季嬴羞鬲，其迈（万）年子子孙孙永宝用喜

（享）"，共计24字。

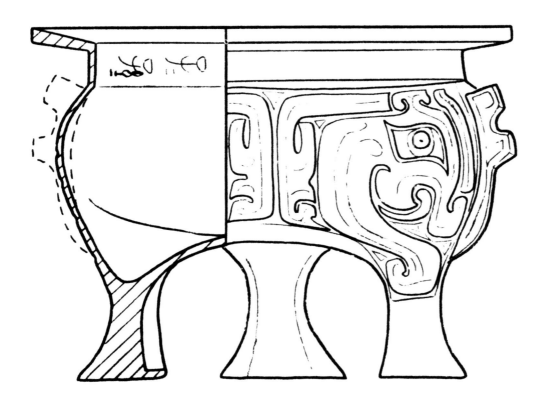

"国子硕父"鬲线图

"国子硕父"鬲腹部纹样拓本

"国子硕父"鬲铭文拓本

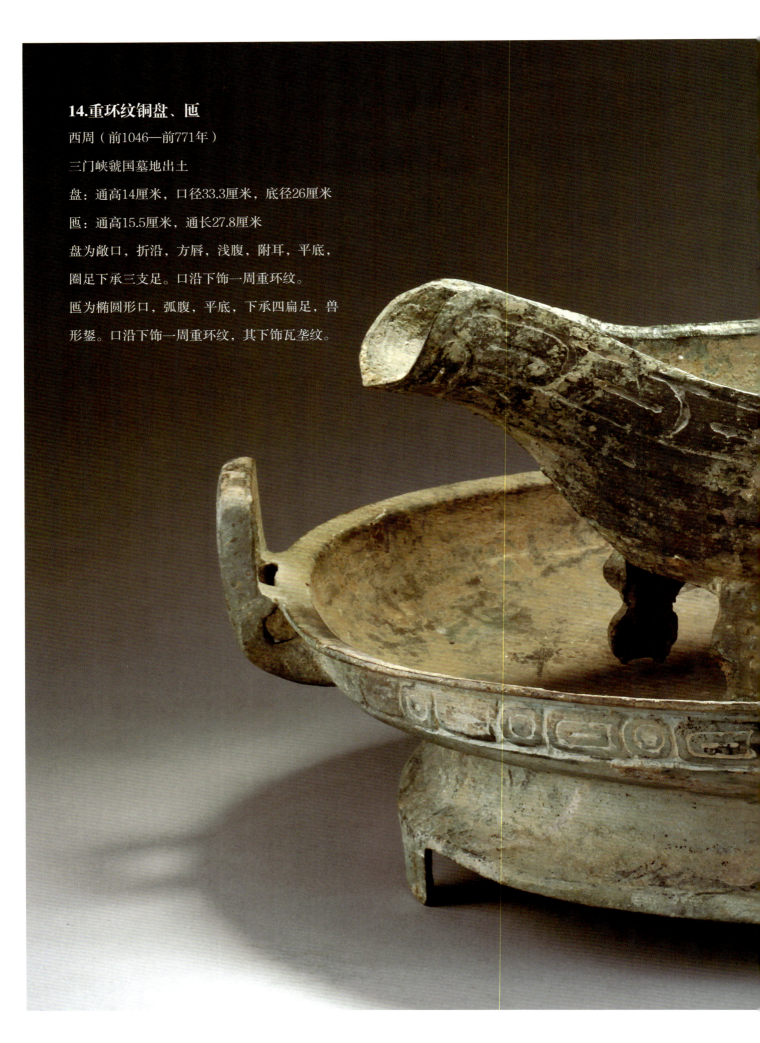

**14.重环纹铜盘、匜**

西周（前1046—前771年）

三门峡虢国墓地出土

盘：通高14厘米，口径33.3厘米，底径26厘米

匜：通高15.5厘米，通长27.8厘米

盘为敞口，折沿，方唇，浅腹，附耳，平底，圈足下承三支足。口沿下饰一周重环纹。

匜为椭圆形口，弧腹，平底，下承四扁足，兽形錾。口沿下饰一周重环纹，其下饰瓦垄纹。

## 15. "伯嘉父" 簋

春秋（前770—前476年）

1981年三门峡市灵宝县文管会征集

通高14厘米，口径13.1厘米，底径13.6厘米

子母口，有盖，二兽首耳，弧腹，圈足，其下承三短足。盖和器身口沿饰重环纹，盖上部和腹下部饰瓦垄纹。盖内和器内底部铸有"伯嘉父作喜姬尊簋"八字铭文。

## 16.青铜编镈

春秋（前770—前476年）

1965年三门峡市陕县出土

最大：通高21.5厘米，钮高4.9厘米，口径14.5×11厘米

最小：通高16.8厘米，钮高3.9厘米，口径11×8.6厘米

一套五件，造型及纹样基本相同。阔腔平口，截面呈椭圆形。双龙钮，舞、篆、隧等处饰蟠虺纹，有36个乳丁枚。造型古朴，工艺精湛。盛行于春秋战国时期，是贵族在宴飨或祭祀时，与编钟、编磬相和使用的乐器。

### 17.蟠虺纹铜扁壶

战国（前475—前221年）

1985年三门峡市区上村岭出土

通高31厘米，口径11.1厘米，底径16.7×9.2厘米

盘口，束颈，扁圆腹，长方形圈足。肩上有对称铺首衔环，颈部饰

一周锯齿纹。体饰几何图案，其内饰蟠虺纹。底部有"≫"符号。

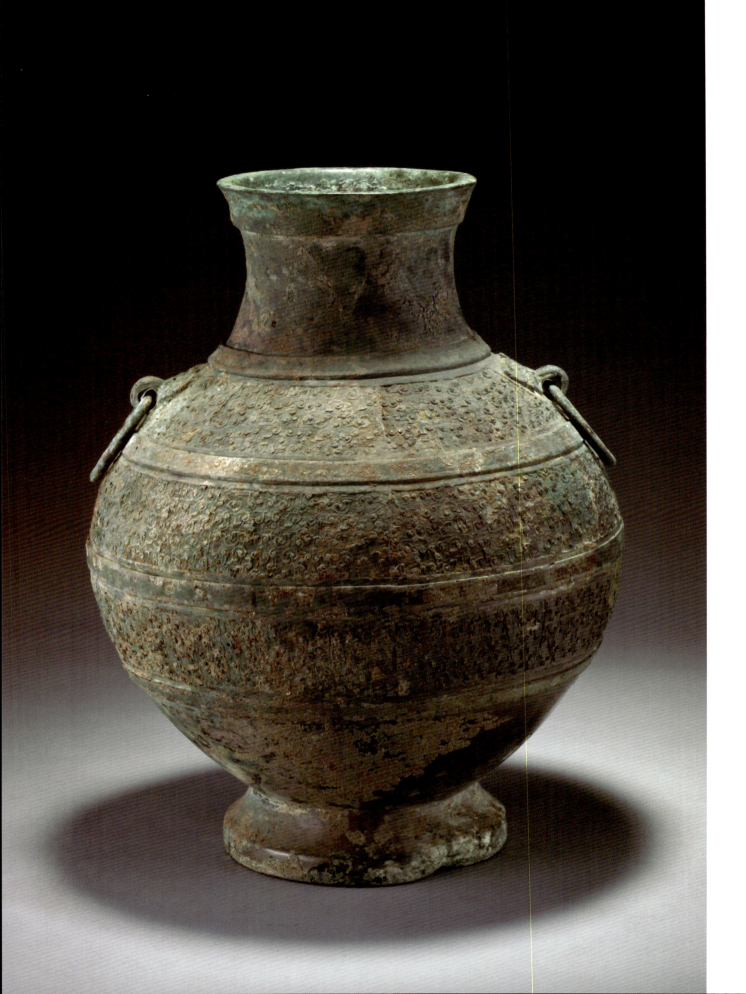

## 18.蟠虺纹铜圆壶

战国（前475—前221年）

1992年三门峡市火电厂工地出土

通高31.5厘米，口径11.6厘米，腹径23.6厘米，底径13厘米

盘口，束颈，圆鼓腹，圈足底。肩上有对称铺首衔环，颈部饰一周锯齿纹。器身饰四周带状凸弦纹，其间饰蟠虺纹。圈足外沿有"任""吕"二字铭文。

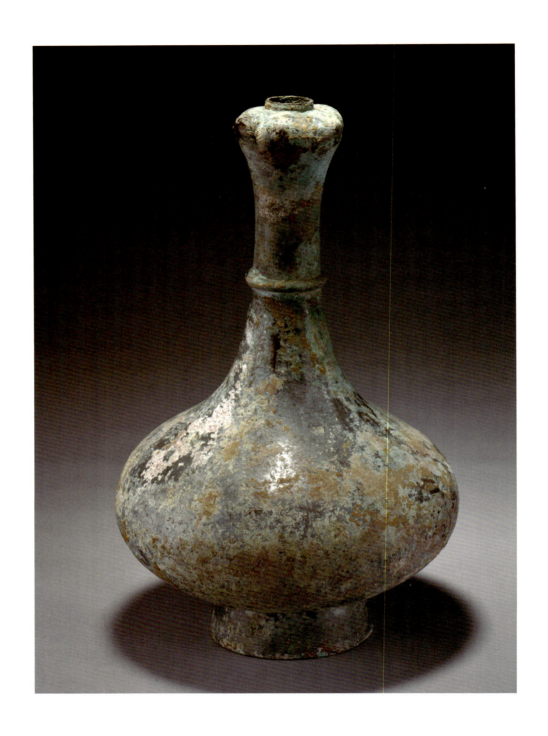

### 19.铜蒜头壶

战国中期—西汉初

三门峡秦人墓地出土

通高38厘米，口径3.1厘米，腹径22.5厘米，底径10.5厘米

小直口，口部呈六瓣蒜头，细长颈，扁鼓腹，高圈足。颈中部饰一圆环，底部
有一桥形钮，通体素面。

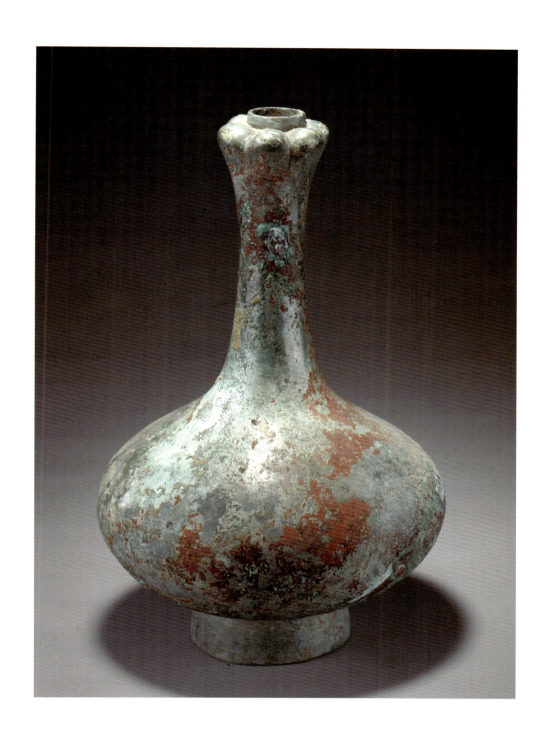

**20.铜蒜头壶**

战国中期—西汉初

三门峡秦人墓地出土

通高37.2厘米，口径3.5厘米，腹径24厘米，底径11厘米

小直口，口部呈六瓣蒜头，细长颈，扁鼓腹，高圈足。通体素面。

## 21.铜钫

西汉（前206—25年）

1978年三门峡市区出土

通高44厘米，口边长11.9厘米，底
边长13.6厘米

盖为内插式，盝顶形，上有对称的
四兽形钮。口为方形，微侈。腹部
微鼓，腹上部饰对称铺首衔环。方
形高圈足。

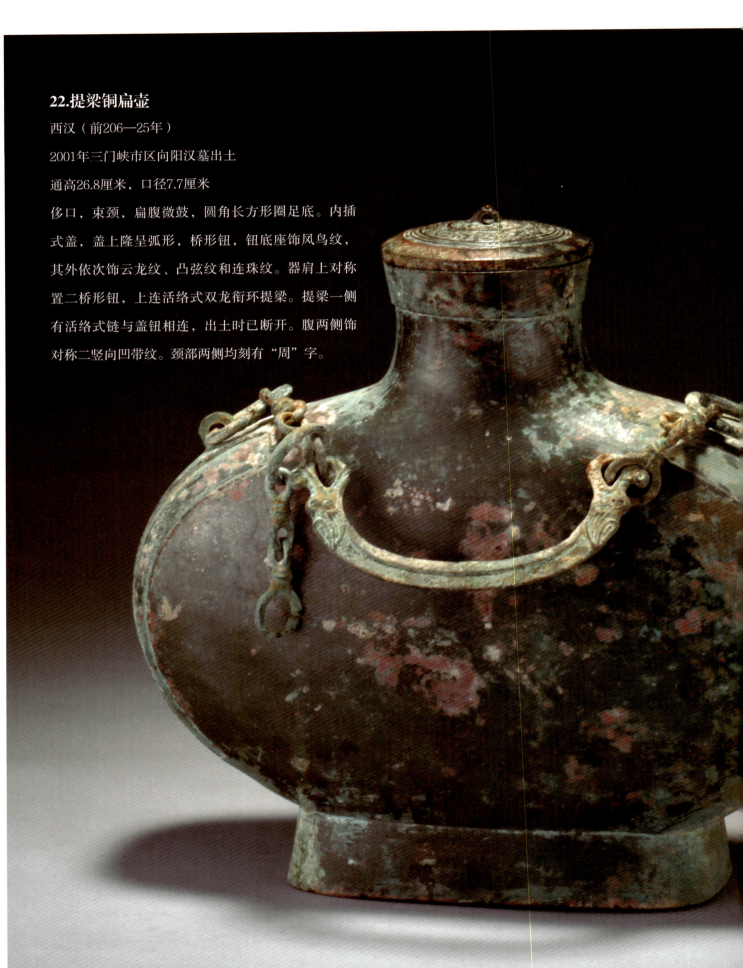

## 22.提梁铜扁壶

西汉（前206—25年）

2001年三门峡市区向阳汉墓出土

通高26.8厘米，口径7.7厘米

侈口，束颈，扁腹微鼓，圆角长方形圈足底。内插式盖，盖上隆呈弧形，桥形钮，钮底座饰凤鸟纹，其外依次饰云龙纹、凸弦纹和连珠纹。器肩上对称置二桥形钮，上连活络式双龙衔环提梁。提梁一侧有活络式链与盖钮相连，出土时已断开。腹两侧饰对称二竖向凹带纹。颈部两侧均刻有"周"字。

### 23.提梁铜鋞

西汉（前206—25年）

2001年三门峡市区向阳汉墓出土

通高20.5厘米，腹径12.4厘米

器身为直筒形，子母口。盖微隆，中心有一扁钮，
钮底部有一小孔。腹中部及下部饰一周凸带纹，两
侧有对称环钮，上连活络式双龙衔环提梁。平底，
下承三矮蹄足。

## 24.铜甗

西汉（前206—25年）

1983年三门峡市区出土

通高18.3厘米

甑：高7.7厘米，口径12.3厘米，底径6.6厘米

鼎：高11.7厘米，口径4.5厘米，足距12厘米

分上、下两部分。上部为甑，深腹。甑两侧有对称系环钮，腹中部饰一周凸带纹，底部为几何纹镂空。下部为鼎，方唇直口，折肩圜底，下承三个六棱蹄形足。肩部有对称系环钮，出土时一环缺失。

### 25.铜舟灯

西汉（前206—25年）

1957年三门峡市上村岭出土

通长13厘米，通宽6.5厘米，通高8厘米

整体呈舟形，两端各有一鼻形钮，盖上方正中有活动旋钮，盖前半部分可向上旋转为灯盘，灯盘中间有一尖锥形钉，一侧有梯形槽。灯盘翻下为器盖，盖上有一鼻形钮。器身为圆角长方形，底部两端各有一半圆形圈足。

## 26.铜熏炉

西汉（前206—25年）

1987年三门峡市区出土

通高26厘米，口径10.5厘米，底径14.5厘米

子母口，弧腹，直柄、喇叭形底座，置于
炉盘上。盖为镂空博山形，柄中部饰一周
凸弦纹。

### 27. "大泉五十"铜钱范

西汉（前206—25年）

三门峡市区出土

通长43.8厘米，通宽20.3厘米，通高4.7厘米

青铜质，铲状，长方形范母，下端中部有三角形豁口。一端有銎状浇铸口，平面设"大泉五十"。钱母六排，每排七个，十四个铸口相通。背面正中有两个桥形把手。

### 28.铜净瓶

隋代（581—618年）

1987年三门峡市湖滨车站东出土

通高21.4厘米，口径5.8厘米，腹径11厘米，底径7.1厘米

喇叭口，细长颈，溜肩，鼓腹，矮圈足底。素面，器表经过抛光处理，多处光泽如故。

### 29.铜俑

明代（1368—1644年）

1986年三门峡灵宝许氏家族墓地出土

通高24—37厘米

1986年出土于灵宝大王乡南营村的许氏墓地，共58尊。许氏家族是明代中期当地的望族，据光绪版《灵宝县志》记载，许氏家族先后有四人荣登进士，官居要职，这从铜俑背后刻着"内阁""吏部"的铜牌可以得到印证。分仪仗俑、武士俑、侍奉俑和女乐俑。制作精细、姿态各异、生动传神，再现了明代官宦人家出行时的隆重场景，为研究当时的习俗、服饰、礼仪制度等，提供了珍贵的实物资料。

## 30.铜释迦牟尼佛坐像

明代（1368—1644年）

征集

通高25厘米

铜铸坐像，头饰螺发，目光下敛，面部端庄。右手施触地印，左手结禅定印。项佩璎珞，袒露前胸，上着双领式通肩式大衣，下身着高束腰僧裙，腰间束带并打结，结跏趺盘坐。

第四部分　瓷器

### 1.凤鸟纹瓷壶

西汉（前206—25年）

1994年三门峡市农牧局工地M5出土

通高36厘米，口径12.7厘米，腹径27.5厘米，底径15.5厘米

侈口，束颈，鼓腹，圈足底。肩部饰对称模制铺首衔环。口、肩部施青釉，其下施酱色釉。口沿和颈下部各饰有一周锯齿纹，肩部饰四组阴刻凤鸟图案，腹部饰弦纹。

## 2.绞胎枕

唐代（618—907年）

1986年三门峡市湖滨区工商行工地M255出土

通长15.4厘米，通宽10.5厘米，通高7.5厘米

长方体，枕面微凹，灰胎。枕后上方有一小圆孔。枕面系绞胎工艺制成，底部无釉，其余均施釉，呈黄地黑云纹状。

　　绞胎，也称"搅胎""绞泥"。是用白、褐两色或多色泥料揉合在一起，按需要切成泥片贴于制成的坯胎上,或者全部利用绞泥做坯胎，再施釉烧成呈绞纹的器物，为唐代创制的一种装饰技法。烧制的窑口有河南巩县窑、修武当阳峪、宝丰清凉寺等。

### 3.白釉瓷碾

唐代（618—907年）

1989年三门峡市水工厂唐墓出土

碾长20.7厘米，碾宽3.9厘米，碾高3.2厘米，碾轮直径8厘米

由碾体和碾轮组成，灰胎，通体施白釉，釉层较薄。碾体系长方体，槽口为椭圆形，横断面呈"V"字形，两侧面各饰三组花卉纹。碾轮为圆饼形，中部厚边沿薄，中间有一圆孔，轮两面孔周围各饰五组花纹。

　　唐代中期，煎茶法广为流行，须先将茶饼碾末，常用的碾末用具是茶碾。明代朱权《臞仙神隐》说，茶碾"愈小愈佳"。煎茶时，先在风炉上的茶鍑中煮水，待水微沸，量出茶末投入茶鍑中，随即用竹䇲搅动，待沫饽涨满鍑面，便酌入碗中饮用。白居易在《谢李六郎中寄新蜀茶》中云"汤添勺水煎鱼眼，末下刀圭搅麹尘"，就形象地反映了往鍑中放入茶末的情景。

### 4.白釉瓷兔镇

唐代（618—907年）

1989年三门峡市水工厂唐墓出土

通长11.5厘米，通宽5.9厘米，通高6厘米

呈蹲卧状，长方形抹角底座。通身施白釉，眼睛及尾巴用黑彩点缀，造型乖顺可爱。底座无釉，中部有两个小孔。

## 5.白釉瓷鍑

唐代（618—907年）

1991年三门峡市开发区桥头市场M6出土

通高6.3厘米，口径9厘米，底径6厘米

敛口，尖唇，鼓腹，平底，沿部有双立耳，耳上有穿。底部露灰胎，内外均施白釉。

## 6.白瓷爹斗

唐代（618—907年）

1988年三门峡市房管局工地M42出土

通高11.1厘米，口径15.4厘米，底径6.9厘米

喇叭形葵口，束颈，圆鼓腹，饼形底。施白釉，底
部露灰胎。

## 7.白釉瓷注

唐代（618—907年）

2006年三门峡市山富果业工地M315出土

通高13厘米，口径6.7厘米，腹径10.8厘米，底径8.7
厘米

侈口，束颈，短流，圆鼓腹下垂，饼形底。肩至口
沿有一桥形执。底部露灰胎，内外均施白釉。

## 8.珍珠地缠枝花卉纹瓷梅瓶

北宋（960—1127年）

2000年三门峡市渑池县文管会移交

通高29.6厘米，口径6.2厘米，腹径19厘米，底径9.8厘米

小口，卷唇，短颈，弧肩，深腹，底内凹，通体施白釉。全身花纹可分三组，颈、肩饰褐色珍珠地缠枝菊花纹，腹部饰褐色珍珠地缠枝牡丹纹，胫部饰一周莲瓣纹，线条均匀流畅。

## 9.兔毫盏

北宋（960—1127年）

1987年三门峡市氧化铝厂工地M16出土

通高6.4厘米，口径13.1厘米，底径4.2厘米

敞口，斜腹，小圈足。灰胎，内壁施黑釉，有兔毫纹。外壁釉不及底，有垂釉现象。在烧制过程中，由于釉在高温下的自然流动，使盏口釉薄而形成酱色。

**10.青釉瓷香炉**

北宋（960—1127年）

1986年三门峡市政府工地M67出土

通高8.3厘米，口径9.8厘米，腹径10.3厘米，足距5厘米

盘口，束颈，鼓腹，微圜底，下承三短足。通体施青釉。

**11.跳刀纹黑釉瓷罐**

北宋（960—1127年）

三门峡市区出土

通高11厘米，口径7.6厘米，底径6厘米

直口，方唇，腹微鼓，圈足底。腹部施黑釉，布满均匀的跳刀纹。其余均施白釉。

### 12.耀州窑双系剔花瓷注

北宋（960—1127年）

1978年三门峡卢氏县东大街出土

通高15.8厘米，口径3.3厘米，底径10厘米

小直口，广肩，鼓腹，圈足底。肩上有流、执及双系。体施青绿釉，饰剔花牡丹纹，刀法犀利，线条流畅。

### 13.黄釉莲花口瓷炉

北宋（960—1127年）

1980年三门峡市文管会征集

通高12.8厘米，口径14厘米，底径5.3厘米

花瓣形敞口，弧腹，小圈足底。口部、颈部、近底部饰
凹弦纹，腹部对称饰四朵贴花，腹下部至圈足间对称饰
条状堆塑。通体饰黄釉，底部露胎。

### 14.青釉瓷碗

北宋（960—1127年）

1986年三门峡市区向阳村北铁路工地M618出土

通高7.3厘米，口径14.5厘米，底径5.1厘米

敞口，弧腹，圈足底。内壁为模印缠枝菊花纹，外部饰一周瓜棱纹。体施青釉。

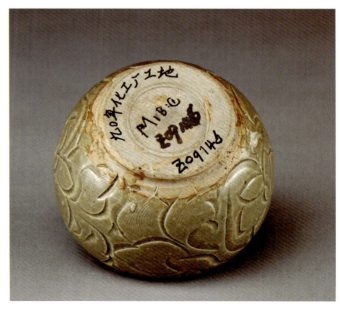

## 15.青釉瓷罐

北宋（960—1127年）

1990年三门峡市化工厂工地M18出土

通高7.8厘米，口径4.4厘米，底径5厘米

直口，挺肩，弧腹，微圈足。体外饰剔花花卉纹。施青釉，底部露胎。

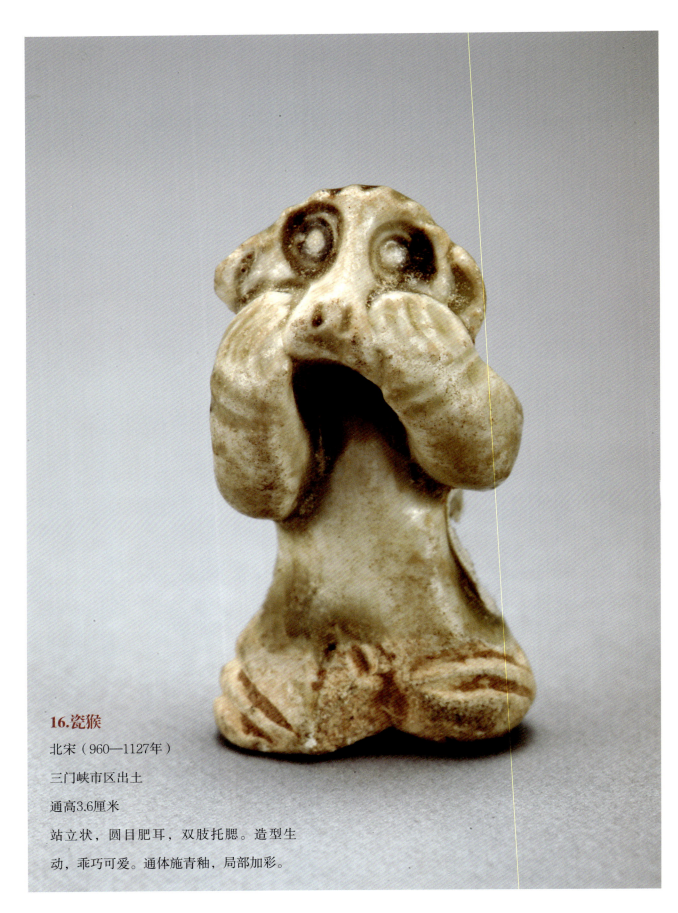

**16.瓷猴**

北宋（960—1127年）

三门峡市区出土

通高3.6厘米

站立状，圆目肥耳，双肢托腮。造型生

动，乖巧可爱。通体施青釉，局部加彩。

## 17.珍珠地"福德"瓷枕

北宋（960—1127年）

1993年三门峡市310国道庙底沟遗址T3M6出土

通长22.8厘米，通宽15厘米，通高10厘米

呈元宝形，枕面微凹。珍珠地，四周饰缠枝牡丹花
纹，枕面中部有"福德"二字，周围饰缠枝花卉
纹。施白釉，底部露胎。

### 18.珍珠地"福德"瓷枕

北宋（960—1127年）

2004年三门峡市区出土

通长22厘米，通宽12厘米，通高10厘米

呈元宝形，枕面微凹。枕面为珍珠地，有"福德"二字，字下方饰牡丹纹。前后两面饰剔花菊花纹，左右两面饰剔花牡丹纹。施白釉，底部露胎。

### 19.珍珠地花卉纹瓷枕

北宋（960—1127年）

1989年三门峡市黄金管理局工地M5出土

通长26.6厘米，通宽19.5厘米，通高13厘米

三出葵花瓣枕面，微凹。珍珠地，枕面饰菊花纹，

四周饰缠枝菊花纹。施白釉，底部露胎。

## 20.珍珠地花卉纹瓷枕

北宋（960—1127年）

1989年三门峡市黄金管理局工地M6出土

通长27.8厘米，通宽18.6厘米，通高11.3厘米

枕面微凹。珍珠地，枕面及四周饰缠枝花卉。施白釉，底部露胎。

## 21.珍珠地花卉纹瓷枕

北宋（960—1127年）

1990年三门峡市化工厂工地M23出土

通长26.7厘米，通宽17.5厘米，通高10.4厘米

三出葵花瓣枕面，微凹。珍珠地，枕面饰花瓣纹，四周饰牡丹纹。施白釉，底部露胎。

## 22.钧釉荷叶盖瓷罐

元代（1206—1368年）

2000年三门峡市崤山西路农行工地出土

通高25厘米，口径10.6厘米，腹径22.6厘米，底径8.8厘米

荷叶形内插式盖，近直口，弧肩，鼓腹，腹下内收为圈足底。体施天青釉，肩腹部有玫瑰紫色窑变，釉不及底。釉层肥厚，釉色温润，窑变过渡自然，造型古朴端庄。

　　钧窑为宋代著名瓷窑之一，因所在地禹州市古称"钧州"而得名，最著名的有钧台及附近八卦洞遗址，影响力较大，形成了钧窑系。其烧造历史可追溯到唐代，盛于宋金，衰于元。釉色有天蓝、月白、玫瑰紫、海棠红等多种。造型古朴端庄，釉质凝厚。单色釉纯净典雅，复色釉绚丽多彩，而以天青釉窑变铜红斑者为珍。

### 23.钧釉瓷香炉

元代（1206—1368年）

1987年三门峡市房地产开发公司工地M39出土

通高10厘米，口径7.6厘米

小盘口，束颈，扁鼓腹，圜底，下承三矮足。立耳，双系。施天青釉，底部露胎，釉面布满冰裂纹。

### 24.清仿"大明嘉靖年制"款瓷盖碗

清代（1644—1911年）

1990年三门峡市卢氏县莫元龙夫妇墓出土

通高8.4厘米，口径10.7厘米，底径4.3厘米

覆碗式盖，碗为侈口，深腹，圈足。盖、碗口沿处饰青花蝙蝠、松鼠、灵芝、祥云等，腹部饰青花寿字纹，近底部饰青花波涛纹。盖、碗底部均有"大明嘉靖年制"款。

第五部分　杂项

## 1.铜戣

商代（前1600—前1046年）

征集

通长18.8厘米，通宽7厘米，内长6.6厘米

援近三角形，有脊。援后有两个长方形穿，均残。

直内呈长方形，内中部有圆形穿。

## 2.铜戈

商代（前1600—前1046年）

1974年灵宝县豫灵镇东桥村出土

通长18厘米，通宽4.6厘米，銎口径3.8×2.2厘米

銎孔为椭圆形，上端孔径小于下端。銎部宽于戈身，銎后有一扁圆形柱，用于固定柄。两面刃，戈身两面近銎部各饰一个太阳纹。銎下端饰一周网状纹。

### 3.铜戈

商代（前1600—前1046年）

征集

通长24.3厘米，通宽6.3厘米

长援，有阑，无胡。援两面中部有脊，内偏前中部
有一圆形穿，内后呈弧形，有刺。刃部有明显使用
痕迹。

## 4.铜削

商代（前1600—前1046年）

1973年灵宝县尹庄镇王湾村出土

通长22.2厘米，通宽3.2厘米，柄长8厘米

环形首，柄部略窄。背部略呈弧形，有脊。削尖端

上翘，刃中部略内凹。

### 5.铜剑

春秋（前770—前476年）

三门峡市区出土

通长57.6厘米，通宽4.8厘米，柄长9.8厘米

圆首，圆茎，茎上有两道箍，中脊突起，三角形锋。

## 6.铜戈

春秋（前770—前476年）

三门峡市区出土

通长21厘米，胡长10.5厘米，援长13厘米，内长7.8厘米

尖锋，长援，援中部有脊，上下皆有刃，胡上有三个

竖长条形穿。内三面皆有刃，内前端有一长条形穿。

内上有铭文。

## 7.铜戈

春秋（前770—前476年）

三门峡市区出土

通长18.9厘米，胡长9.8厘米，援长12.2厘米，内长
6.4厘米

尖锋，长援，援中部有脊，上下皆有刃，胡上有三
个穿。直内，内前端有一长条形穿，其上双面饰变
形鸟纹。

## 8.铜戈

战国（前475—前221年）

1984年三门峡市粮食局第二仓库工地M318出土

通长21.9厘米，胡长12厘米，援长14厘米，内长7.7

厘米

尖锋，长援，援中部有脊，上下皆有刃，胡上有三

个穿。直内，内前端有一长条形穿。内上有铭文。

## 9.错金铜带钩

战国（前475—前221年）

1977年灵宝县中州汽轮机厂工地出土

通长12厘米，通宽1.5厘米

呈琵琶形，龙首，腹下有圆钮。背部错金，呈云雷
纹，其间镶嵌绿松石。

## 10."黾池军左""黾池军右"铁锛

东汉（25—220年）

1974年渑池火车站工地窖藏出土

"黾池军左"铁锛：通长11.8厘米，通宽10.8厘米，厚3.6厘米

"黾池军右"铁锛：通长12厘米，通宽10.8厘米，厚3.5厘米

弧刃，刃部稍宽。銎呈长方形，其顶端饰三周凸弦纹。正面中间分别有竖行铭文"黾池军左""黾池军右"。

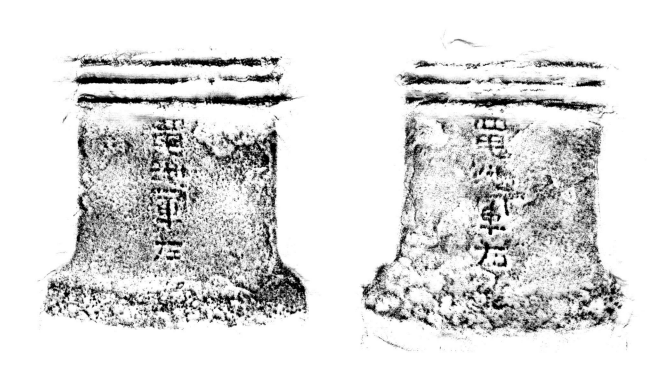

　　西汉时，渑池属弘农郡辖，驻有铁官，十六国后赵时期继续建立官营冶铁业。《晋书·石季龙载记》载："前以丰国，渑池二冶初建，徙刑徒配之，权救时务。"

### 11.彩绘骨尺

东汉（25—220年）

1976年三门峡卢氏县城关镇西北街村虢台庙台地东汉墓出土

通长23.2厘米，通宽1.7厘米，厚0.4厘米

采用兽骨加工制作而成，正面略弯，一端有直径0.25厘米的孔。正反面均饰三组彩绘云龙纹，两端饰网纹，两个侧面有寸和分的刻度。全尺十寸，而每寸分为八分，在尺的1.5、3.5、5.5、7.5、9.5寸处饰菱形符号。

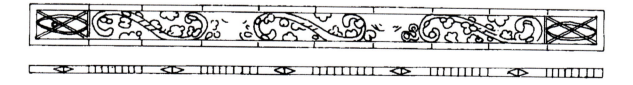

骨尺摹本

## 12.盘龙石砚

东汉（25—220年）

1993年三门峡市区三里桥出土

通高11.5厘米，直径14.2厘米

石质，圆形，子母口。砚盖地饰菱格纹，其上雕刻相互缠绕的高浮雕镂空双龙，是为砚钮。盖内中部有直径3厘米、深2厘米的半球形内凹，应为存放研石之用。砚面平整，下承三熊足。底部雕刻斜线纹。

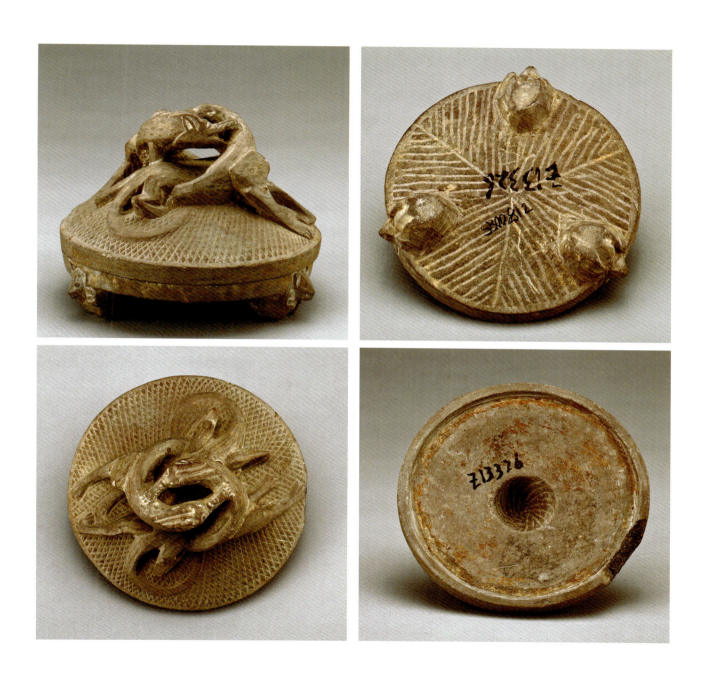

## 13.虢州紫石砚

唐代（618—907年）

1987年三门峡市化工厂工地M77出土

通长15.9厘米，通宽12.1厘米，通高2.7厘米

石质，呈箕形，子母口，底部有两个长方形锥状
足。由砚身和盖两部分组成。砚盖上刻饰一梅花
鹿，站立回首，口衔灵芝，近边缘饰一周阴刻线，
外饰卷云花草纹。砚盖右边侧棱上刻有"紫石砚"
三字。砚池内有墨痕。

虢州紫石砚又名虢石砚、稠桑砚、钟馗砚，产于虢州朱阳县，是中国历史上名砚之一，曾与端砚、歙砚齐名，皆为皇室贡品。宋米芾在《砚史》中论及26种砚石时，称虢州石"理细如泥，色紫可爱。发墨不渗。久之，石渐损，回硬，墨磨之则有泥香。"

## 14.虢州澄泥龟砚

唐代（618—907年）

1985年三门峡市刚玉砂厂工地M160出土

通长10.5厘米，通宽7.5厘米，通高4.6厘米

作爬行龟状，仰首远视，四足着地，腹部前低后高。有盖，盖上阴刻几何图案，中间为四个六边形，四周刻饰八卦符号。泥质灰陶，砚池内残留有墨痕。造型生动，形象逼真。

　　虢州澄泥砚唐时产地在今三门峡灵宝市开方口村，唐宋时皆为贡砚，是"四大名砚"之一。欧阳修在《砚谱》中记载："虢州澄泥，唐人品砚以为第一，而今人罕用矣。"

### 15.澄泥龟砚

唐代（618—907年）

三门峡市区出土

通长21.2厘米，通宽12.8厘米，通高6.8厘米

作爬行龟状，仰首远视，四足着地，腹部前低后
高。有砚堂和砚池。泥质灰陶，砚池内残留有墨
痕。

## 16.澄泥砚

唐代（618—907年）

三门峡市区出土

通长19厘米，通宽12.6厘米，通高4厘米

呈箕形，底有两个长方体形足。泥质，玉鳝黄色。

砚池内残留有墨痕。

### 17.虢州澄泥砚

北宋（960—1127年）

三门峡市王跃泽先生捐赠

通长16.8厘米，残宽9厘米，通高2.8厘米

砚身部分残缺，底部为"虢州裴弟三箩土澄泥造"款。

**18.紫石砚**

明代（1368—1644年）

三门峡市区出土

通长21.7厘米，通宽11.7厘米，通高1.1厘米

呈长方形，砚池为圆形。砚面上饰有旭日和祥云，
下饰波浪纹、礁石、鱼等。

### 19.清仿宋濂款端砚

清代（1644—1911年）

1984年三门峡市文管会征集

通长24.5厘米，通宽16.8厘米，通高4.1厘米

呈长方形。砚堂和砚池间刻有海水双龙纹。右侧刻有单排竖行"洪武辛亥年琢于端溪晚香堂官舍"14字铭，左侧刻有"厚斋美亭氏宋濂铭"。底部刻有"云触石起，龙抱珠眠。精华竞吐，光射奎躔。水岩西洞，蛟龙之渊。千夫竭泽，宝藏出焉。元睛炯炯，大小争妍。岂同鱼目，混珠漫传"六行48字铭文。

雲衢石起龍泡珠眼，
精華競吐光射金鼍。
水岩西洞蛟龍之淵，
千夫淊澤寶藏出焉。
元精炯炯大小焦妍，
豈同魚目混珠漫傳。

厚肇美某氏宗濂彩

洪武辛亥年琢於端溪晚香堂宮令

231

## 20. "陕州王玉堂造" 澄泥砚

民国

三门峡市陕州区人马寨征集

直径20厘米，通高2.5厘米

呈八边形。边角上饰星宿图案。底部右边戳印篆字："富贵昌宜侯人"，中间戳印为"陕州工艺局澄泥砚王玉堂造"，左边模印双鱼图案。

民国十八年《河南新志》载："陕县产澄泥砚，色黑而杂银沙星点，以澄制之细泥陶成。虽非珍品而研墨易浓，故人乐用之。"民国二十五年《陕县志》卷十三物产土属记载："澄泥砚，唐宋皆贡。按此砚今产于人马寨村王玉瑞制造有年。土质如红石，碾碎成粉，掺和为料甚佳。"

### 21.凤鸟纹铜镜

战国（前475—前221年）

1987年三门峡市房屋开发公司工地出土

直径13.6厘米，厚0.2厘米

圆形。三弦钮，方钮座，外围凹面形方格。纹饰由
地纹与主纹组合而成。地纹为双线勾连雷纹，双线
内为二排碎点纹，勾连雷纹间填以圆涡纹及三角
纹。在地纹之上，凹面方格的四角，有对称的四
凤。与钮座四边中部相对的边缘，向内各伸出一枝
叶，其上各站立一鸟。素卷边。

## 22.双鹊盘龙月宫镜

唐代（618—907年）

1989年三门峡市区出土

直径15.4厘米

为八出葵花形，圆钮。钮左右各有一鹊展翅飞翔，口衔长
绶带。正上方为月宫图，月宫中有一棵枝繁叶茂的桂树，
其两侧为捣药的玉兔和跳跃的金蟾。钮下一盘龙腾飞于波
涛汹涌的海面上，两侧各有一朵祥云。

### 23.双鸾仙岳镜

唐代（618—907年）

1990年三门峡市区出土

直径25厘米

八出葵花形，圆钮。钮两侧鸾鸟衔长绶带相对站立，上方
有仙岳及日、月、祥云。下有仙岳、祥云。外周有飞鸟、
花枝相间。

## 24.三乐镜

唐代（618—907年）

1983年三门峡市灵宝文管会征集

直径12.8厘米

八弧葵花形，圆钮。钮上方有一方框，内有铭文九字，分三行书，为："荣启奇问曰答孔夫子"。钮左侧一人头戴冠，着宽袖长袍，左手抬起前指，右手持杖。右侧一人戴冠着裘，左手执琴，头部微侧。钮下一株柳树，树枝叶下垂，素缘。

三乐镜又称荣启奇镜。荣启奇为春秋时人，三乐的故事见于《列子·天瑞》："孔子游于泰山，见荣启期行乎郕之野，鹿裘带索，鼓琴而歌。孔子问曰：'先生所以乐，何也？'对曰：'吾乐甚多。天生万物，唯人为贵。而吾得为人，是一乐也。男女之别，男尊女卑，故以男为贵，吾既得为男矣，是二乐也。人生有不见日月，不免襁褓者，吾既已行年九十矣，是三乐也。'"

## 25.真子飞霜镜

唐代（618—907年）

1994年三门峡市电业局工地出土

直径30.9厘米

八出葵花形，龟钮。钮上方饰祥云托月纹，下方饰池水山石，自池中生出一枝莲叶，即为钮座。左侧一人峨冠博带，坐而抚琴，前设几案，后依竹林。右侧一凤，舞于石上，凤上方有两株神木。外区为一周铭文带："凤凰双镜南金装，阴阳各为配，日月恒会，白玉芙蓉匣，翠羽琼瑶带，同心人，心相亲，照心照胆保千春。相。"镜铭"日月恒会"应为"日月恒相会"。"相"字因铸造失误，故排至文末。

### 26.瑞兽葡萄镜

唐代（618—907年）

三门峡市区出土

直径16.2厘米

圆形，兽钮。背浮雕海兽葡萄纹。

### 27.道符八卦镜

唐代（618—907年）

三门峡市区出土

直径20.3厘米

圆形，圆钮。钮外分四区，依次为四个道教符号、干支、八
卦符号，外区为素面。

## 28.十二生肖八卦四神镜

唐代（618—907年）

2005年三门峡市电业局工地出土

直径22.5厘米

圆形，圆钮，素宽缘。钮外分三区，依次为四神八卦符号、

十二生肖、道教符号。

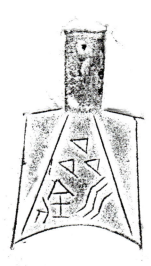

## 29. "三川釿"空首布币

春秋（前770—前476年）

1980年河南省宜阳县柳泉乡花庄村窖藏出土

通高8.9厘米，足距4.9厘米

斜肩，弧足，有楔形长銎，銎部有不规则穿孔。肩部较窄，足部较宽。正面
中间铸"三川釿"三字钱文，两边各有一道斜线纹。背面铸有三道线纹，其
中两道从銎与布身接合部分别斜行至两足尖端，中间一道竖直行至裆部。

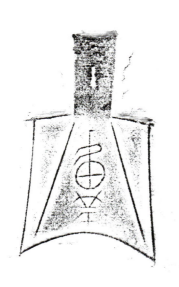

## 30. "卢氏"空首布币

春秋（前770—前476年）

1980年河南省宜阳县柳泉乡花庄村窖藏出土

通高8.9厘米，足距4.5厘米

斜肩，弧足，有楔形长銎，銎部有不规则穿孔。肩部较窄，足部较宽。正面中间铸"卢氏"两字钱文，两边各有一道斜线纹。背面铸有三道线纹，其中两道从銎与布身接合部分别斜行至两足尖端，中间一道竖直行至裆部。

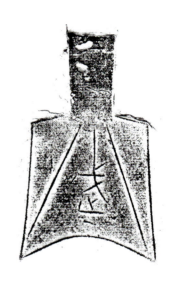

### 31. "武"字空首布币

春秋（前770—前476年）

1980年河南省宜阳县柳泉乡花庄村窖藏出土

通高8.7厘米，足距5厘米

斜肩，弧足，有楔形长銎，銎部有不规则穿孔。肩部较窄，足部较
宽。正面中间铸"武"字钱文，两边各有一道斜线纹。背面铸有三道
线纹，其中两道从銎与布身接合部分别斜行至两足尖端，中间一道竖
直行至裆部。

## 32. "垣"字圜钱

战国（前475—前221年）

三门峡市区出土

直径4.2厘米，孔径0.5厘米

圆形，圆孔。正面铸阳文"垣"字。

唐代，鎏金铜钱不作为流通货币使用，是皇室贵族用来游戏、压胜或赏赐之用。唐玄宗时常在承天门楼上陈乐设宴，向楼下抛洒金钱以作赏赐，形成有名的金钱会。后来这种游戏传至宫外，在贵族中广泛流行。直到明代，宫廷中还流行这种游戏。

### 33. "开元通宝" 鎏金铜钱

唐代（618—907年）

1986年三门峡市工商银行家属楼工地出土

直径2.4厘米，孔边长0.7厘米，重4.3克

为方孔圆形，正面为"开元通宝"四字钱文。通体鎏金，背面有短线纹。

### 34. "乾封泉宝" 鎏金铜钱

唐代（618—907年）

1986年三门峡市工商银行家属楼工地出土

直径2.5厘米，孔边长0.7厘米，重3.9克

为方孔圆形，正面为"乾封泉宝"四字钱文。通体
鎏金，背面饰阴刻莲瓣纹。

### 35.金狮子

明代（1368—1644年）

1984年三门峡市陕州故城窖藏出土

通高2.8厘米，底径2厘米，重14克

蹲状。昂首翘尾，怒目阔口，左前肢直立，右前肢踩球，佩项铃，下承圆形底座。

### 36.金荷包

明代（1368—1644年）

1984年三门峡市陕州故城窖藏出土

通长4.1厘米，通高3厘米，重10克

呈椭圆形，正面装饰有花草图案，背面光素无纹。

## 37.金串饰

明代（1368—1644年）

1984年三门峡市陕州故城窖藏出土

重分别为27.4克、27.2克

由18粒金瓜形串饰组成，金瓜为弧腹，有棱脊，中

空，首尾有穿孔。

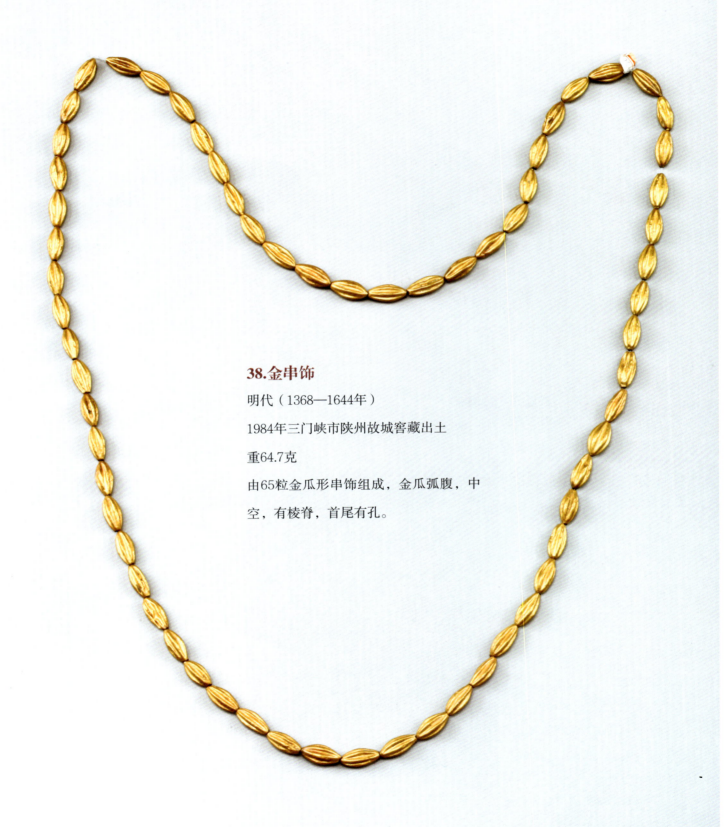

**38.金串饰**

明代（1368—1644年）

1984年三门峡市陕州故城窖藏出土

重64.7克

由65粒金瓜形串饰组成，金瓜弧腹，中空，有棱脊，首尾有孔。

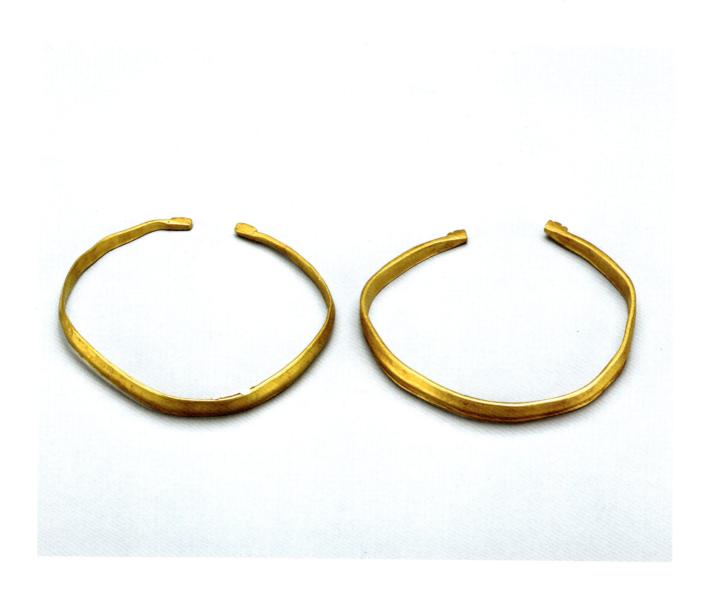

## 39.金镯子

明代（1368—1644年）

1984年三门峡市陕州故城窖藏出土

直径6.6厘米，重分别为36.6克、37克

环形，有缺口，中间宽，两头渐窄，首端为简化兽
首状。

254

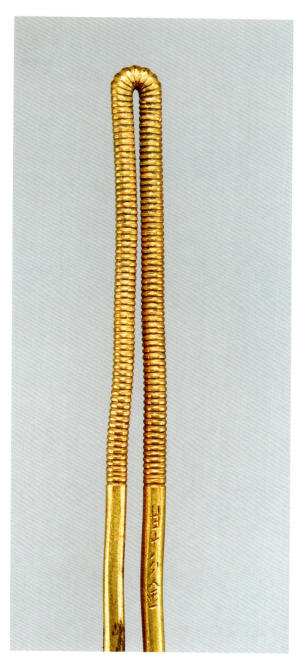

**40.螺纹金钗**

明代（1368—1644年）

1984年三门峡市陕州故城窖藏出土

通长20—21.1厘米，重58.2—59.8克

呈"U"字形，上部饰螺纹，下部为素面，螺纹下刻有"甘，十分金"字样。

**41.錾花金钗**

明代（1368—1644年）

1984年三门峡市陕州故城窖藏出土

通长21厘米，重72.8—79.6克

呈"U"字形，上部饰錾花图案，下部为素面。

**42.金钗**

明代（1368—1644年）

1984年三门峡市陕州故城窖藏出土

通长19—19.6厘米，重39.8—40克

呈"U"字形，上端刻有"甘，十分金"字样。

### 43.压花金簪

明代（1368—1644年）

1984年三门峡市陕州故城窖藏出土

通长21.4厘米，通宽1.4厘米，重58.2克

呈梭形，中间切开一分为二，正面饰弦纹、一字
纹、人字纹等几何图案。

## 44.金臂钏

明代（1368—1644年）

1984年三门峡市陕州故城窖藏出土

通长分别为16.5厘米、13厘米，重分别为156.7克、125.9克

面边沿上卷，中饰脊，内面光洁平整。一端錾刻"刘家十分金□"字样。

# 后　记

　　文物作为人类社会历史发展进程中遗留下来的重要载体，它反映了各个历史时期的文明演变过程，发挥着传承优秀文化基因的历史使命，也是再现一个地域社会生活状态不可或缺的组成要素。三门峡位于豫晋陕交会处，黄河穿流而过，崤函古道贯穿东西，不同区域文化的融合和发展成就了这方热土。

　　三门峡市博物馆作为一座综合性博物馆，馆藏文物时代跨度大、种类齐全、数量较多，具有较高的历史价值、艺术价值和科学价值，是研究和见证该地区文明发展进程的重要实物例证。这些年来，我们始终秉承博物馆人的职责，积极发挥博物馆的职能作用。从2020年初开始筹划，对馆库藏15000余件（套）文物进一步甄别和梳理，精选出186件（套）文物珍品。采用的文物资料都尽可能标明具体信息，还针对一些具有一定代表性的文物从不同视角进行了延伸解读，以期满足读者的多方位需求，更好地为社会公众提供文化服务。

　　在书稿付梓之际，我们也即将迎来仰韶文化发现暨中国现代考古学诞生一百周年纪念盛会。中国文化遗产研究院原总工程师、中国文物报社原总编辑曹兵武先生于百忙之中应约拨冗赐序，我们深感荣幸。三门峡市文化广电和旅游局毋慧芳局长、王保仁副局长和许艳副局长对本书的编辑出版工作给予了悉心指导。在此，谨向上述专家和领导表示衷心的感谢，并向长期以来关心支持三门峡市博物馆事业发展的各级领导、社会各界和公众朋友们表示诚挚的感谢和深深的敬意！感谢参与该书编纂的所有人员。

由于编者水平所限，书中难免出现疏漏错讹之处，敬请方家批评指正。

编者

二〇二一年八月